Tengo el Mando

Convertirse en un líder digno de seguir

Jon S. Rennie

ÍNDICE

Prólogo 1

Introducción 9

¿Por qué quieres ser un líder?......................15

Liderando a empleados experimentados......................19

Dando vida a tus planes................................25

Ver a un empleado como un activo..................29

El simple acto de mostrar aprecio 33

Poniendo a los empleados encima de los clientes 37

Cubrir la espalda de tu empleado....................43

La importancia del respeto 47

Demostrar que te preocupas 53

Celebrando a los empleados........................59

Hacer algo memorable.............................65

Dando regalos intangibles 69

Escucha a tus empleados..........................73

Comunicando cara a cara 77

Entendiendo el poder de tu presencia 83

El problema de estar muy ocupado 87

El líder ausente 91

Deja de ser un necio 95

Construir un equipo imparable 101

Cómo recibir lo máximo de tu equipo 107

Reconocer y desarrollar nuevos lideres 111

Encontrar el balance correcto de liderazgo 117

La paradoja del liderazgo 121

Conclusiones 125

PRÓLOGO

La mayoría de los prólogos te informan sobre el libro que estas a punto de leer, pero este no es como la mayoría de los prólogos y te aseguro que no es como la mayoría de los libros. Entonces, en lugar de describir el libro que estas a punto de leer, prefiero compartir contigo una historia personal que ilustre precisamente por qué debes enfocarte en lo que Jon Rennie cuenta en este libro.

Mi papá usaba la expresión 'Got Your Six' (te cubro la espalda) todo el tiempo. Fue piloto de combate en la Segunda Guerra Mundial y cuando yo era pequeño, le pregunté qué significaba. Me explicó que es un término militar que los pilotos de combate usan entre sí para referirse a la parte trasera del avión, la posición de las seis en punto en un reloj. En otras palabras, es la posición más vulnerable porque no se puede ver lo que hay detrás. Es por eso que los pilotos tienen compañeros de ala y viajan juntos. Si tu compañero de ala dice: « Got Your

Six», significa «Te cubro la espalda».

La expresión también habla de la lealtad y la cooperación que se encuentra en cualquier tipo de equipo exitoso. Los grandes líderes como Jon Rennie cubren las espaldas de los miembros de su equipo.

Además, es la lección de liderazgo más poderosa que aprendí en mi último año en la universidad Fairleigh Dickinson como jugador de lacrosse. Después de una serie de lesiones cuando estaba en tercer año, finalmente estaba sano y se esperaba que fuera uno de los mejores jugadores y líderes de mi equipo. Antes de regresar para mi último año, me fije metas durante el verano para ser uno de los máximos anotadores y capitán del equipo.

Una práctica de pretemporada en particular está grabada permanentemente en mi memoria. Era la madrugada de un sábado, la práctica siempre terminaba con el equipo teniendo que realizar los temidos ejercicios de velocidad en un tiempo determinado. Si ninguno superaba el tiempo límite, el entrenamiento había terminado, si alguien no lo conseguía, TODOS repetían el ejercicio nuevamente. (Si no sabes qué son los ejercicios de velocidad, son una serie de diez carreras de velocidad cronometradas, la primera de 20 yardas y se hacen 20 yardas más largas después de cada carrera, hasta llegar a las 200 yardas).

Como puedes imaginarte, es más fácil al principio y se vuelve progresivamente más difícil, especialmente si no estás en forma, y es mucho más difícil si tienes sobrepeso. Uno de nuestros jugadores, Jason, se ajustaba a ambas descripciones.

Un defensa de segundo año llamado Bill Hickey y yo nos motivábamos el uno al otro en los ejercicios de velocidad al terminar la práctica. Aproximadamente a la mitad del ejercicio de velocidad, varios de nosotros sabíamos, según nuestra experiencia, que íbamos a terminar las 200 yardas antes del límite de 42 segundos establecido. Entonces, mientras adelantábamos a otros jugadores, les gritábamos que se dieran prisa y corrieran más rápido. Cuando Bill no subió el ritmo y no pudo unirse a nosotros, inmediatamente comencé a juzgarlo y no me dejó una buena impresión.

Entonces, sucedió algo interesante. Casi todos en el equipo habían terminado los ejercicios de velocidad, pero Jason todavía avanzaba lentamente por el campo. Todos le gritaban (algunos insultándolo y otros animándolo), todos excepto una persona. Mientras los otros compañeros de equipo estaban hablando, Bill volvió por Jason y corrió con él. Habló con él, lo hizo reír y lo animó mientras terminaban la carrera juntos. En pocas palabras, Bill lo respaldaba mientras todos los demás hablaban de él a sus espaldas...incluyéndome.

Ese día aprendí mucho sobre lo que REALMENTE era el liderazgo. Al igual que tu estas a punto de aprender qué es realmente el liderazgo mientras lees el libro de Jon. Lecciones como:

- Liderar con el ejemplo no lo es todo. La gente necesita que lo verbalices y lo hagas de manera positiva. El liderazgo es entrenamiento, y muchas veces el entrenamiento es en realidad persuasión. Lo que quiero decir es que no se trata solo de estrategia o simplemente de dar el ejemplo correcto. También se trata de proporcionar aliento y refuerzo positivo.
- El liderazgo no trata sobre empujar a la gente, sino de atraer a la gente. No puedes empujar una cuerda, tienes que jalarla.
- La gente no sigue los títulos, ellos siguen la personalidad.
- Cuando cubres la espalda de alguien, puedes estar ubicado detrás de esa persona, pero aún estas al frente.

Puedes liderar asegurándote de que los demás se sientan seguros porque confían en que no dejarás que nada los sorprenda.

- Necesitas que tus mejores jugadores sean también tus mejores trabajadores. Como líder, tu trabajo no termina cuando finalizas tus labores, también es tu trabajo ayudar a otros a tener éxito.

Ese año no me nombraron capitán del equipo y supe exactamente por qué. La larga y dura lección que aprendí fue que es más importante ser el mejor jugador PARA el equipo que el mejor jugador EN el equipo. Francamente, no lo era. Bill Hickey fue definitivamente el mejor jugador de nuestro equipo.

Veinticuatro años después, Bill Hickey ahora es el sargento William Hickey de la policía de Lancaster, Pensilvania.

Comparto esto contigo porque él y Jon Rennie me recuerdan mucho el uno al otro. Me siento honrado de conocerlos porque ambos son líderes desinteresados que anteponen a su gente y sirven con orgullo a sus comunidades.

Si estás leyendo esto, eres miembro de la comunidad de Jon Rennie y quiero que sepas que definitivamente cubrirá tu espalda. Jon hace lo que dice y es un hombre de gran carácter moral en una industria plagada de charlatanes. El mundo necesita más Jon Rennies porque estamos en una era en la que muchos líderes están más preocupados por protegerse a sí mismos que proteger a otras personas.

Como dice tan acertadamente Jon, el liderazgo es de hecho un negocio de personas. Lo que plantea la pregunta importante: ¿Quién cubre tu espalda en tu organización? Y lo que es más importante aún, ¿Qué espalda cubres tú?

Esa es la prueba para ver si eres o no un líder que vale la pena seguir.

Si deseas diferenciarte de la competencia, tienes el libro correcto en tus manos. A través de su experiencia como oficial de la Marina de los EE. UU. y director ejecutivo de una empresa de gran éxito, Jon ofrece una serie de lecciones muy convincentes y poderosas en este libro.

Te prometo que este libro hará dos cosas por ti: te desafiará y te cambiará. Te desafiará a analizar detenidamente la forma en que lideras y verás las cosas a través de una lente diferente. Y ese es precisamente el punto: para lograr un nivel de éxito que no has tenido antes, debes estar dispuesto a liderar a un nivel más alto que nunca y si aplicas la experiencia de Jon, te cambiará la forma de ver tu entorno laboral. Te transformarás en un líder centrado que hace lo que dice y pone el recurso más valioso de la organización en primer lugar... su gente.

Así que toma un marcador, un bolígrafo y mucho papel para tomar notas. Estas a punto de aprender algunas estrategias increíblemente valiosas para mostrar tangiblemente a tus compañeros de equipo y clientes que cubres sus espaldas. Y en el proceso, verás que Jon cubre la tuya.

Da lo mejor de ti mismo,

John Brubaker

CoachBru.com

Introducción

El liderazgo tiene que ver con las personas. No se trata de organizaciones. No se trata de planes. No se trata de estrategias. Se trata de personas, motivar a las personas para que hagan el trabajo. Tienes que estar enfocado en las personas. – Colin Powell

Hace casi 30 años, en diciembre de 1990, entré en la sala de máquinas del submarino nuclear USS Tennessee. Con un poco de aprensión, entré en un área llamada Instrument Alley y me encontré con mi equipo por primera vez. Instrument Alley es el apodo de un conjunto de dos paneles eléctricos largos que se encuentran detrás del compartimiento del reactor y contienen toda la instrumentación del reactor. Mi trabajo consistía en liderar el pequeño equipo que mantenía y operaba estos complejos sistemas para el reactor. Yo era su líder. yo tenía el mando.

Ese fue mi primer trabajo de liderazgo, pasé a servir cinco años como oficial naval y lideré a docenas de marineros en el complejo, intenso y a menudo peligroso mundo de la guerra submarina, antes de partir hacia el mundo corporativo. En los negocios, trabajé en varios puestos de gestión de departamentos en ABB, una empresa de ingeniería multinacional, antes de ser ascendido a mi primera planta de manufactura. Con solo 32 años, me mudé con mi familia a Carolina del Sur para convertirme en gerente de planta de una pequeña división con 160 empleados, y desde entonces he estado al frente de diferentes plantas de manufactura.

En mi carrera, he dirigido nueve plantas manufactureras para cuatro empresas, incluida Peak Demand, la empresa que cofundé y actualmente me desempeño como CEO. He tenido la fortuna de liderar equipos increíbles de hasta 600 personas y negocios con $250 millones en ventas. La lección más importante que he aprendido durante estos años es que el liderazgo importa. El liderazgo puede marcar una diferencia significativa en el desempeño de cualquier organización.

Si estás leyendo este libro, comprendes la importancia del liderazgo y, si has sido líder durante algún tiempo, probablemente hayas descubierto que el liderazgo es una paradoja. Es simple y complejo al mismo tiempo. Al igual que el ajedrez, lleva poco tiempo aprenderlo, pero toda una vida dominarlo. Por eso hay más de 15.000 libros escritos sobre el tema del liderazgo. Cada uno ha contribuido a la comprensión colectiva de este tema simple, pero al mismo tiempo complejo. Mi esperanza es que este libro aumente tu comprensión del liderazgo y te motive a convertirte en un mejor líder.

Ningún libro sobre liderazgo estaría completo sin una definición de liderazgo. En este caso, prefiero usar uno que fue escrito por el autor de bestsellers y líder empresarial del New York Times, Kevin Kruse. Él dice: «El liderazgo es un proceso de influencia social, que maximiza los esfuerzos de [las personas], para lograr una meta». Esta es mi definición preferida. En él, describe los tres elementos más importantes del liderazgo: personas, influencia y una meta.

El Triangular del Liderazgo

La mejor manera de visualizar esta definición es con un triángulo donde las personas se colocan en el vértice superior y la influencia y el objetivo están en los vértices inferiores. A esto lo llamo el triángulo de liderazgo. Pongo a las personas en la cima como un simple recordatorio de que, en el liderazgo, las personas deben ser la máxima prioridad. Luego coloco el líder en el centro del triángulo. El líder es el conductor y tiene como trabajo coordinar y equilibrar estos tres elementos. Un líder debe definir la meta, construir el equipo y motivarlos adecuadamente para alcanzar esa meta. Si un líder no se enfoca en cualquiera de estos tres elementos críticos, fracasará. Si intentan ponerse en la parte superior del triángulo, también fracasarán.

Este libro es una colección curada de artículos que he escrito durante los últimos cinco años. En mi sitio web, www.jonsrennie.com, escribo sobre varios temas como liderazgo, negocios, emprendimiento y las fuerzas armadas, pero todos los artículos seleccionados para este libro tratan sobre liderazgo. Específicamente, cada uno de estos artículos trata sobre liderar personas, comparto mis experiencias de casi 30 años de liderar personas tanto en el ejército como en los negocios. A medida que leas cada capítulo, piensa en el triángulo de liderazgo, usa eso como tu punto de referencia, busca cómo el líder en cada historia equilibra a las personas, la influencia y las metas. Encontrarás momentos en que los líderes se han colocado en la parte superior del triángulo o cuando ni siquiera están en el triángulo. Busca historias donde la meta se haya movido a la parte superior del triángulo o donde la influencia sea demasiado pequeña. Si piensas en el triángulo de liderazgo, obtendrás una comprensión más profunda de cada capítulo.

Finalmente, debo explicar mi motivación para escribir este libro. Me preocupa el estado del liderazgo. Hoy en día hay una crisis de liderazgo en los negocios. A pesar de que nuestra comprensión colectiva del liderazgo nunca ha sido tan profunda, nuestra práctica de liderazgo sigue siendo insuficiente en el mejor de los casos. Según *Gallup*, el 70 % de los empleados no están comprometidos con el trabajo y la mitad de los empleados estadounidenses están buscando activamente un nuevo trabajo. Las estadísticas confirman que hay un problema de liderazgo en Estados Unidos. Si eso no es suficiente para convencerte, solo piensa en las conversaciones que tienes en el trabajo sobre jefes terribles y las consecuencias de un mal liderazgo. Escucho al menos una historia al día sobre un mal jefe, y estoy seguro de que tú también. Incluso podrías estar trabajando para un mal jefe en este momento.

Mi objetivo para este libro es sencillo: brindarte consejos prácticos de liderazgo que utilizarás. El libro no está escrito desde una perspectiva teórica, es un consejo acerca del mundo real escrito desde una perspectiva práctica con la intención de que encuentres pepitas de sabiduría que realmente usarás en tu papel como líder. Mi esperanza es que algún día todos podamos eliminar a los malos jefes y volver a colocar a las personas en la cima del triángulo de liderazgo. Cuando se trata de eso, el liderazgo es un negocio de personas. Si alguna vez olvidas eso, nunca serás un gran líder.

¿POR QUÉ QUIERES SER UN LÍDER?

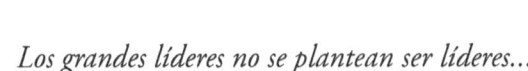

Los grandes líderes no se plantean ser líderes...
se plantean marcar la diferencia. – Lisa Haisha

Hay una crisis en Estados Unidos. Hay escasez de buenos líderes, y parece estar empeorando. El problema es que la gente está eligiendo el liderazgo por las razones equivocadas.

Susan Cain, autora de *Quiet: The Power of Introverts in a World That Can't Stop Talking* (El Callado: el poder de los introvertidos en un mundo que no puede dejar de hablar), está cambiando la forma en que la gente piensa acerca de los introvertidos. Si bien es ampliamente conocida por sus escritos sobre este tema, son sus pensamientos sobre el liderazgo los que me llamaron la atención. En un artículo del New York Times titulado *Not Leadership Material? Good. The World Needs Followers.* (¿No tiene material para liderar? Bien, el mundo necesita seguidores), explica que hoy en Estados Unidos tenemos un liderazgo 'glorificado'. Tanto es así que las personas están asumiendo roles de liderazgo por razones equivocadas, están eligiendo convertirse en líderes para obtener reconocimiento, más dinero o para avanzar en sus carreras. Ella explica:

> Quizás el mayor perjuicio causado por la glorificación desmesurada de las 'habilidades de liderazgo' es la práctica del liderazgo en sí mismo que está vacío, vacío de significado. Atrae a aquellos que están motivados por ser el centro de atención en lugar de estar motivados por las ideas y las personas a las que sirven. Enseña (a las personas) a ser líderes por el hecho de estar a cargo y no en nombre de una causa o ideas que les importen profundamente. La diferencia entre estos dos estados mentales es profunda.

Si bien el enfoque de su artículo es señalar la importancia de aquellos que no eligen un camino de liderazgo, indirectamente descubre la crisis en el estado actual del liderazgo. Hay escasez de buenos líderes, las personas eligen liderar por razones equivocadas, razón por la cual hay tantos líderes deficientes.

Si quieres ser un líder, la primera pregunta que debes hacerte es ¿Por qué? ¿Por qué quieres ser un líder? Si eliges este rol por el sueldo, el título, el prestigio, el poder o los adornos del puesto, te sentirás tristemente decepcionado. El liderazgo es difícil. Ser responsable de motivar a un grupo de personas para lograr una meta no es algo que elijas hacer sin una cuidadosa consideración.

Déjame sugerirte tres preguntas que debes hacerte:

¿Tienes pasión por el liderazgo? Al igual que al seleccionar cualquier carrera, pregúntate si tiene la pasión de liderar. Ser un líder significa que tienes la responsabilidad total de una organización y todas las personas asociadas con ella. Significa que serás responsable de todo lo que suceda bajo tu mando. Es un trabajo difícil y a veces solitario que exige un compromiso 24/7. Pregúntate si tienes la pasión y el deseo de ser un gran líder.

¿Te preocupas profundamente por la idea o la organización? Como líder, todos los ojos estarán puestos sobre ti, tus actitudes hacia la misión repercutirán en toda la organización. Como director, tu equipo seguirá tus indicaciones. Si te preocupas profundamente por la misión de la organización, ellos también lo harán. Si eres poco entusiasta, ellos también lo serán. Pregúntate si te importa mucho la idea o la organización que liderarás.

¿Amas a la gente? Lo que más veo en los líderes deficientes es su actitud negativa hacia las personas. El liderazgo es un negocio de personas. Todo tu trabajo es motivar a las personas para lograr una meta. Desafortunadamente, muchas personas a las que no les gusta la gente eligen el liderazgo. Entiendo. La gente es desordenada, tienen asuntos, problemas, emociones, relaciones y un pasado, pero tu trabajo es ver más allá de los defectos, amar a tu gente y motivarlos a hacer grandes cosas. No puedes ser un gran líder si no amas a la gente.

Como señala Susan Cain, las personas eligen liderar por razones equivocadas. El resultado es una versión vacía del liderazgo que no es buena para las personas ni para las organizaciones. El liderazgo, como cualquier otra profesión, requiere un conjunto específico de habilidades. Si no los tienes, no debes seguir un camino de liderazgo.

Hazte estas preguntas y comprueba si te apasiona liderar. Averigua si te importa mucho la misión. Comprende tu visión de las personas y lo que se necesita para liderarlas. Si eliges liderar, sé un gran líder. Honestamente, no necesitamos más sino mejores líderes.

Liderando a empleados experimentados

*Si pierdes una sola vez la confianza de tus conciudadanos,
nunca podrás recuperar su respeto y estima.*
– Abraham Lincoln

A los 32 años, me ascendieron a gerente de planta, aunque nunca en mi vida había dirigido una planta de fabricación. Después de dejar la Armada, pasé cinco años trabajando para ABB, una compañía de ingeniería global, como ingeniero de diseño, gerente de calidad e ingeniería. Nunca había trabajado en manufactura o producción, pero mi jefe en ese momento sintió que tenía las habilidades de liderazgo para asumir la responsabilidad de dirigir una planta manufacturera en nuestra división.

Al llegar a esta empresa, pronto me di cuenta de que había mucho por hacer. Había problemas de calidad que debían solucionarse, desafíos de costos que debían abordarse y problemas de moral que enfrentar. Me preocupaba que esta situación me sobrepasara, yo era el gerente más joven que había tenido esta planta y no quería fracasar.

Lo que lo hizo más intimidante esta oportunidad fue que los gerentes y la fuerza laboral en esta instalación eran mayores y tenían más experiencia que yo. Sabían mucho más que yo sobre cómo operar la planta. Mi desafío era averiguar cómo liderar de manera efectiva sin saber tanto como mi equipo de trabajo.

Muchos líderes se encuentran en situaciones como esta, están rodeados de personas mayores y con más experiencia después de una promoción o un cambio de trabajo. Es fácil sentirse intimidado. Liderar empleados mayores y con más experiencia puede ser un desafío. Muchos líderes cometen el error de tratar de parecer expertos, de fingir tener muchos conocimientos, pero no funciona con empleados experimentados.

La verdad es que los líderes sin experiencia no necesitan tener todas las respuestas para tener éxito, pero necesitan ser excelentes para trabajar con sus equipos. Afortunadamente, mi pasado me había preparado bien para liderar una situación como esta. Aunque no tenía un amplio conocimiento de la industria manufacturera, anteriormente había dirigido a personas mayores y con más experiencia que yo durante mi tiempo en la Marina.

Como un joven oficial subalterno recién egresado de la escuela de submarinos, se me asignó el departamento de controles del reactor en el USS Tennessee, donde dirigí un equipo de marineros veteranos que tenían talento y experiencia. A pesar de mi inexperiencia, me convertí en un líder eficaz aprendiendo, observando, escuchando y comprometiéndome con mi equipo. Tomé un enfoque humilde y traté a los hábiles marineros con el respeto que se merecían. Esa experiencia previa me preparó bien para mi papel como gerente de planta de 32 años.

Estas son algunas de las cosas que puedes hacer para convertirte en un líder eficaz cuando eres joven e inexperto. Esto funcionó para mí tanto en la Marina como en esta planta manufacturera:

Escuchar. Probablemente lo más importante que debes hacer como líder joven o sin experiencia es escuchar a tu equipo. Se curioso, escucha lo que funciona y lo que no y haz buenas preguntas e involucra a tus empleados experimentados para ayudar a encontrar soluciones.

Respeto. Es extremadamente importante demostrar respeto por tu nuevo equipo de trabajo. Te verán como un líder sin experiencia, así que no pretendas que eres un experto. Está bien hacer preguntas y ceder ante la experiencia para ayudar a resolver problemas en áreas en las que careces de competencias.

Busca retroalimentación. Habla con líderes y empleados clave y busca comentarios. Si tienes una posible solución a un problema, hazla funcionar con alguna de las personas experimentadas y escucha sus comentarios. Pregunta a tus empleados si esto se ha intentado antes. ¿Ha funcionado o ha fallado? ¿En qué se equivocaron los gerentes anteriores? ¿Cómo puedes hacerlo diferente? Involúcrate y busca retroalimentación y evitarás las trampas de ir de cabeza a una actividad que está destinada al fracaso.

Experimenta. Prueba acciones incrementales y observa los resultados. Me gusta empezar de a poco y observar las respuestas del equipo. ¿Se entusiasman con esta nueva iniciativa? ¿Es esto algo sobre lo que puedes desarrollar? ¿Quiénes son los detractores? ¿Quiénes son los partidarios? Experimentar puede ayudarte a descubrir qué va a funcionar y qué no.

Aprende. Sigue siendo curioso y busca el conocimiento. Lee acerca de los problemas que afectan a tu industria. Comprende las normas y estándares. Estudia los productos y servicios que ofreces. Conviértete en un experto en tu nuevo rol. A medida que tus empleados vean que adquieres conocimiento, aumentarán su respeto por ti.

La conclusión es que liderar a los empleados mayores y con más experiencia puede ser un desafío. Puede estar fuera de su zona de confort, pero eso solo significa que necesitas estar más comprometido, activo e involucrado con tus empleados. Usa estas cinco acciones para trabajar con empleados experimentados para encontrar la mejor manera de mejorar la organización. Descubre quiénes son tus detractores, descubre a tus partidarios y descubre a los líderes de opinión del grupo. Continúa creciendo y adquiriendo conocimientos para ganarte el respeto. Al final, descubrirás que puedes tener mucho éxito, aunque no tengas todas las respuestas.

DANDO VIDA A TUS PLANES

*Un plan es tan bueno como aquellos
que lo llevan a cabo.* – Anonymous

«Oficiales y tripulación del USS Gerald R. Ford, tripulen nuestro barco y denle vida» ordenó Susan Ford Bales, hija del presidente Ford y patrocinadora del portaaviones estadounidense más reciente, el USS Gerald R. Ford.

La orden fue acatada por marineros con uniformes blancos impecables que se separaban de la formación y corrían para ocupar los rieles del buque de guerra más nuevo de la Marina de los EE. UU. Sonaron trompetas, sonaron campanas y se izó la bandera de EE. UU. al tope del mástil. En cuestión de minutos, se informó al capitán "el barco está tripulado y listo para reportarse a la flota".

Mientras observaba cómo se desarrollaba esta emotiva ceremonia, no pude evitar pensar en el poderoso mensaje que se estaba transmitiendo. Las imágenes, los discursos y las ordenes comunicaban un solo punto: la tripulación le da vida al barco.

Como líder empresarial y ex oficial naval, sé que esto es cierto, pero es fácil pasarlo por alto. Nos vemos atrapados en la importancia de nuestros planes de negocios, iniciativas estratégicas y objetivos ambiciosos. Olvidamos que son las personas las que dan vida a estos planes. Sin su tripulación, el portaaviones de última generación de propulsión nuclear de $13 mil millones no es más que un trozo de acero frío sentado en el puerto. Sin un equipo dedicado, nuestros planes también están muertos.

¿Cómo creamos un equipo dedicado que dará vida a nuestros planes?

Involucra a la gente en la planificación. Cuando las personas participan en la creación de los planes se sienten más involucrados. Las sesiones anuales de planificación fuera del lugar de trabajo son una excelente manera de hacer esto. Si se hacen bien, estas sesiones pueden crear energía, emoción y unión en el equipo, también ayuda a centrar el equipo en los objetivos clave para el año.

Comunica tus planes de manera directa. He trabajado para tres empresas multinacionales y una de las cosas que me frustraba era cómo comunicaban los planes. Las empresas multinacionales son complejas y sus planes son complicados, pero el proceso de comunicación no debería serlo. Usar más de 100 diapositivas de PowerPoint para comunicar tu visión no es eficiente. Concentra tus planes en un puñado de puntos importantes y usa historias para ilustrar tu mensaje. Hacer esto atraerá a más personas hacia tus planes.

Busca retroalimentación y mantente dispuesto a ajustar tus planes. La implementación de nuevos planes en grupos pequeños es una forma efectiva de permitir que los equipos absorban el mensaje y brinden retroalimentación. Escuchar los comentarios es fundamental por dos razones principales: (1) permite que los equipos interioricen el plan y (2) te permite aprender cosas que no habías considerado. Buscar retroalimentación ayudará a que más personas participen.

Acorrala a los detractores. A pesar de tus mejores esfuerzos, siempre habrá personas en tu equipo que no acepten el mensaje. Es importante identificar a esas personas y reunirse con ellas individualmente. Si tienen comentarios constructivos, escúchalos. Todos lidiamos con el cambio de manera diferente. Si simplemente no están dispuestos a subir a bordo, podría ser hora de ir por caminos separados. Los detractores pueden tener un impacto negativo en la moral y pueden dañar el rendimiento general del equipo. Es mejor lidiar con los problemas que ignorarlos.

Un barco no es nada sin su tripulación y un plan no es nada sin gente que lo implemente. Si dedicas mucho tiempo a desarrollar un plan, invierte el doble de esa cantidad de esfuerzo en lograr que las personas participen. Sin un equipo dedicado, tu plan no ira a ninguna parte. Involucra a más personas en el proceso de planificación y trabaja en un plan de comunicación sencillo. Escucha los comentarios y ajústalos en consecuencia. Lo más importante es acorralar a los detractores. Si haces estas cosas, crearás un equipo para hacer realidad tus planes.

VER A UN EMPLEADO COMO UN ACTIVO

Es importante ver a los empleados por lo que realmente son: los principales creadores de valor en su negocio. – Leanne Armstrong

Las empresas a menudo usan la frase "Nuestros empleados son nuestro mayor activo", pero sus acciones no reflejan esta creencia. De hecho, más gerentes tratan a los empleados como un gasto, algo que debe eliminarse. Considera este comentario que un lector publicó en mi sitio web: «Siendo un empleado de varias compañías diferentes, puedo decir honestamente que me he sentido como nada más que un dato en una hoja de cálculo, y en algún lugar un contador está tratando desesperadamente eliminarlo».

Este es un sentimiento común para muchos empleados y el problema en realidad puede estar relacionado con la contabilidad. ¿Por qué? Porque en las normas contables, los costos de los empleados son un gasto.

Considera lo siguiente: según las reglas contables, el costo de los trabajadores, los salarios y los beneficios se tratan como un gasto en el estado de resultados. De hecho, el gasto de personal es uno de los costes más elevados en los que incurre una empresa. Muchos gerentes ven este costo considerable todos los meses y concluyen que las personas son caras, ven a las personas como un problema. Al ver a las personas como un gran gasto, estos gerentes piensan que una forma rápida de obtener más ganancias es reducir al personal o los salarios. Ven a los empleados como un problema que debe ser reducido o eliminado.

Los grandes líderes ven las cosas de manera diferente, consideran a los empleados como un activo. En términos contables, los activos son recursos de la empresa que tienen un valor económico futuro. En lugar de ver a los empleados como un problema, estos líderes los ven como un recurso valioso. Saben que las personas tienen la capacidad de aumentar las ventas, satisfacer a los clientes, mejorar los procesos, innovar productos y hacer innumerables otras cosas que agregan valor y aumentan tanto los ingresos como los resultados. En mis años como líder, he visto innumerables ejemplos de esto.

La verdad es que, si piensas en los empleados como un

activo, los tratas de manera diferente, comprendes la importancia de mantenerlos contentos y funcionando a su máximo potencial. Si reconoces la importancia de ser un buen líder, te das cuenta de que tu equipo estará en su mejor momento cuando son amados, apreciados, respetados, comprometidos y reconocidos.

Parece simple pero no se practica en la mayoría de las organizaciones. Uno de los problemas es la falta de formación en liderazgo en las escuelas de negocios. La mayoría de los estudiantes de pregrado y posgrado toman varios cursos de contabilidad, pero es posible que solo asistan a una o dos conferencias sobre liderazgo. Esto da como resultado enviar gerentes jóvenes al lugar de trabajo con la creencia de que los números son más importantes que las personas.

En contabilidad, los empleados son tratados como un gasto, pero los grandes líderes difieren. Saben que las personas son activos poderosos que representan los resultados futuros de una empresa, ven a su equipo como un recurso importante que debe ser dirigido adecuadamente para maximizar el rendimiento, entienden que su equipo estará en su mejor momento cuando son amados, apreciados, respetados, comprometidos y reconocidos.

El simple acto de mostrar aprecio

Los grandes líderes no tienen miedo de amar a sus equipos. – Donald Miller

Como director ejecutivo, estaba en nuestra fábrica cuando noté que el mejor ingeniero mecánico de nuestra empresa trabajaba en una taladradora. Estaba modificando partes para que pudieran usarse en la producción. Había estado allí toda la mañana trabajando estas piezas porque teníamos un gran pedido que tenía que salir para un cliente. No era su trabajo, pero lo hizo de todos modos porque se preocupaba profundamente por el éxito de nuestra empresa.

Como líder, no podía simplemente pasar de largo e ignorar sus esfuerzos. Me detuve y hablé con él. Le dije cuánto lo apreciaba y apreciaba el trabajo que estaba haciendo. No tenía que estar parado en un taladro toda la mañana trabajando en esas piezas de producción, pero ahí estaba. Tuve que reconocer su esfuerzo adicional.

Sin embargo, el problema con la mayoría de los líderes es que pierden estas oportunidades. La mayoría de los líderes están secuestrados en sus oficinas y ajenos a lo que sucede con sus equipos. No son conscientes de los esfuerzos adicionales que sus mejores empleados están haciendo todos los días. Estos empleados se sienten sobrecargados de trabajo, abrumados y subestimados, y los empleados subestimados dejan las empresas.

Un estudio realizado por *OfficeTeam* encontró que el 66% de los empleados dijeron que "probablemente dejarían su trabajo si no se sintieran apreciados". Ese número asciende al 76% para los millennials. No sentirse apreciado es la principal razón por la que las personas abandonan las empresas. Sin embargo, muchos gerentes aún se esfuerzan poco por mostrar su aprecio.

Una de las cosas más frustrantes que veo en los líderes de hoy es una actitud negativa o indiferente hacia las personas. Muchos eligen una carrera en liderazgo sin comprender el importante impacto diario que tienen en sus equipos. La mayoría de estos líderes descubren que son menos efectivos porque carecen de una mentalidad centrada en las personas. Esto se debe a que el liderazgo es inherentemente un negocio de personas.

El rol de un líder es motivar a un equipo de personas

para lograr un objetivo. Los grandes líderes saben esto y saben que es importante mostrar aprecio. También saben que la gente es desordenada. Las personas tienen asuntos, problemas, emociones, peculiaridades, complejos, equipaje y pueden ser impredecibles. Un gran líder puede ver más allá de los defectos, amar a su gente y motivarlos a hacer grandes cosas. No puedes ser un gran líder si no amas a la gente.

Donald Miller, fundador y director ejecutivo de *StoryBrand*, una empresa que ayuda a las empresas a aclarar su mensaje de marketing, lo ve de la misma manera. Me gustan sus pensamientos sobre este tema, ya que reflexiona sobre la cultura que construyó en su empresa. Uno de los valores fundamentales que puso en práctica fue "hacer realidad los sueños de sus empleados sirviendo fielmente a los clientes". Pensé que era interesante que entrelazara deliberadamente el servicio a los clientes con los sueños de sus empleados. En su opinión, amar a sus empleados y mostrar aprecio significa ayudarlos a alcanzar su máximo potencial.

Miller atribuye el crecimiento de su empresa al 'ingrediente secreto' del amor. Las cosas cambiaron en su empresa cuando comenzaron a vivir en base a estos valores fundamentales. Como amaba y respetaba a sus empleados, ellos se amaban unos a otros y trabajaban en equipo para servir mejor a los clientes. Construyó una cultura de respeto con una base en el amor.

Tiene dos reglas fundamentales que le han ayudado a crear una cultura de amor y respeto:

1. Contrata a personas que sean mejores, más inteligentes y rápidas que tú.
2. Nunca juegues con sus corazones.

Si eres un líder, tienes un impacto profundo en las vidas y carreras de las personas que trabajan para ti. Debes ser paciente con sus defectos y tomarte el tiempo para apreciar verdaderamente sus contribuciones. El mayor problema con el compromiso de los empleados en la mayoría de las empresas hoy en día es que los empleados sienten que sus jefes no los aprecian. Imagínese cómo reaccionarán cuando vean que a su jefe realmente le importa.

PONIENDO A LOS EMPLEADOS ENCIMA DE LOS CLIENTES

Los clientes no son lo primero. Los empleados son lo primero. Si cuidas a tus empleados, ellos cuidarán de los clientes.
– Richard Branson

Los mejores líderes ponen a los clientes primero, ¿verdad? No si eres Richard Branson, J. Willard Marriott, Jim Goodnight o Stephen Covey. Ellos ponen a los empleados primero.

Echa un vistazo a estas citas:

- *Cuida a tu gente y ellos cuidarán a tus clientes.* – J. Willard Marriott
- *Trata a los empleados como si marcaran la diferencia y lo harán.* – Jim Goodnight
- *Trate siempre a tus empleados exactamente como quieres que traten a sus mejores clientes.* – Stephen Covey

Lo que estos líderes saben es que cuando cuidas a tus empleados, ellos cuidarán a tus clientes. Los empleados que son respetados, apreciados y que tienen la oportunidad de crecer y prosperar harán un esfuerzo adicional por los clientes.

Considere la cadena de comida rápida, Chick-fil-A. Me encantan sus sándwiches de pollo y encima sé que tendré una buena experiencia en sus restaurantes. Siempre encuentro que los restaurantes Chick-fil-A están limpios, la comida es buena y el servicio es rápido y amable. Existe un marcado contraste con sus rivales de comida rápida, que están llenos de empleados apáticos que intentan hacer un esfuerzo a medias para hacerme una comida mediocre. Prefiero ir a Chick-fil-A que a cualquiera de sus competidores, y no soy el único.

Chick-fil-A tiene los mayores ingresos por restaurante de cualquier cadena de comida rápida en los EE. UU., según la revista QSR. Una ubicación promedio de Chick-fil-A genera más de tres veces los ingresos de un restaurante KFC similar. A pesar de tener solo 1950 restaurantes en los EE. UU., Chick-fil-A genera más ingresos generales que sus rivales que tienen el doble de establecimientos, incluidos KFC, Arby's, Pizza Hut y Domino's. Lo que es aún más sorprendente es que crean este volumen de negocios mientras están cerrados todos los domingos.

Chick-fil-A ha dominado el arte del servicio al cliente: simplemente aplastan a la competencia. Chick-fil-A ocupó el puesto número 1 en servicio al cliente de restaurantes en el Índice de satisfacción del cliente estadounidense durante los últimos tres años. Constantemente reciben altas calificaciones por limpieza, servicio rápido, buena comida y empleados trabajadores que se preocupan.

Sus empleados son simplemente los mejores en el negocio y me sorprendió saber que se les paga casi lo mismo que a otros trabajadores de comida rápida. Según *Glassdoor*, Chick-fil-A paga a los empleados en promedio solo $0.46 más por hora que sus competidores. Si no es el pago, ¿Cómo crea esta pequeña cadena de comida rápida una fuerza laboral enfocada en el cliente que domina a la competencia? La respuesta es que ponen a los empleados por delante de los clientes.

En Chick-fil-A, las personas son la prioridad. Aunque el pago por hora es similar, Chick-fil-A invierte mucho en otras áreas. Los empleados reciben una amplia capacitación en operaciones de restaurantes y hay oportunidades de liderazgo y avance profesional que no tienen comparación en la industria. Al fundador de Chick-fil-A, Truett Cathy, le gustaba decir: "No estamos en el negocio del pollo; estamos en el negocio de las personas". Se alienta a los dueños de tiendas locales a conocer los sueños de sus equipos y ayudarlos a cumplirlos.

Como resultado, los empleados son tratados más como familia. Los propietarios de Chick-fil-A trabajan para ayudar a los empleados a alcanzar sus sueños brindándoles capacitación en liderazgo, becas académicas e incluso pagando clases de habilidades no relacionadas, como fotografía y danza. Si un miembro de la familia de un empleado está enfermo, proporcionará alimentos, aliento y apoyo. Incluso proporcionarán comidas al personal del hospital que trata a uno de los miembros de su personal. Kevin Moss, gerente de una tienda de Chick-fil-A durante más de 20 años, dijo a *Business Insider* en una entrevista de 2016: "Descubrí que las personas están más motivadas y responden mejor cuando te preocupas por ellas".

El éxito de Chick-fil-A demuestra que los empleados que son respetados, apreciados y que tienen la oportunidad de crecer y prosperar siempre harán un esfuerzo adicional por los clientes.

En mi empresa, *Peak Demand*, hacemos lo mismo. Tenemos nueve principios a seguir. La primera es que creamos una cultura de respeto donde los empleados están seguros, les encanta ir a trabajar y están facultados para tomar decisiones para nuestros clientes. Puede que no siempre lo hagamos bien, pero trabajamos arduamente todos los días de crear y mantener un entorno positivo para nuestros empleados. El resultado es un lugar de trabajo que se siente más como una familia que como una corporación. Los gerentes y los empleados se respetan, se divierten y todos trabajan duro como equipo para satisfacer a nuestros clientes.

Al observar tu entorno de trabajo, ¿Cuáles son las prioridades escritas y no escritas? ¿Quiénes son más importante, los clientes o los empleados? Richard Branson ha tenido un éxito increíble como empresario y líder empresarial. Sus prioridades son claras: primero los empleados, segundo los clientes y tercero los accionistas. Parece funcionar bien para él. Explica que los empleados felices cuidan de los clientes y los clientes felices compran más bienes y servicios, lo que mantiene contentos a los accionistas. Branson dice: "Al final, a los accionistas les va bien, a los clientes les va mejor y nuestro personal permanece contento".

CUBRIR LA ESPALDA DE TU EMPLEADO

Un buen gerente es un hombre que no está preocupado por su propia carrera,
sino más bien las carreras de los que trabajan para él.
– Hendry Stuart Mackenzie Burns

Había gastado miles de dólares del dinero de la empresa para llegar a este punto. Era mi primer viaje al laboratorio de pruebas de alta potencia y estaba nervioso. Fui el ingeniero mecánico líder en un proyecto para diseñar un nuevo aparato eléctrico que sería más seguro que cualquier otro disponible en el mercado. Sería un gran avance si lo conseguimos.

Hice todos los cálculos. Estaba seguro de que pasaríamos la prueba, pero me preocupaba que nuestro diseño no sobreviviera a la onda expansiva inicial. Una descarga eléctrica de 15.000 voltios es violenta y, a pesar de mis cálculos, sabía que todo podía salir mal. Pasé la mañana preparando todo para la primera prueba. Al mediodía, era hora de ir, no hubo marcha atrás.

Menos de un segundo después de que se aplicó la corriente de falla, mis peores temores se hicieron realidad. El engranaje explotó violentamente, las piezas volaron en todas direcciones. No fue solo un fracaso, fue un desastre absoluto. Había fallado espectacularmente.

Me acerqué al banco de ensayos y examiné la escena. El producto fue completamente destruido. No quedaba nada más que un cadáver humeante y el olor a cobre fundido. Sabía que tenía que llamar a mi jefe y sabía que no sería bueno. Probablemente perdería mi trabajo por esto. Estaba desanimado, mis días en ingeniería de diseño probablemente habían terminado.

Regresé a la sala de control y llamé a mi jefe. Le expliqué lo que había sucedido. Esperando lo peor, me sorprendió su respuesta, me dijo: "¿Sabes por qué falló?" Mi respuesta fue sí. Luego preguntó: "¿Sabes cómo arreglarlo?" Una vez más, mi respuesta también fue sí. Sin ninguna emoción, dijo: "Bueno, vuelve aquí y haz el rediseño para que puedas regresar al laboratorio".

Supe en ese momento que mi jefe me respaldaba. En lugar de castigarme, me animó. En lugar de perder mi trabajo, me había dado una nueva tarea. Mi respeto por él se disparó.

Después de esa interacción, supe que tenía un buen jefe y quería hacerlo sentir orgulloso y lo hice. Regresé al laboratorio un mes después y pasé todas las pruebas. Fuimos los primeros en el mercado con esta nueva tecnología.

Esto me sucedió hace más de 20 años y todavía puedo recordar exactamente cómo me sentí ese día. Me sentí empoderado al saber que tenía un jefe que me apoyaría incluso si cometía un error. Desafortunadamente, muchos jefes no entienden el poder de apoyar a sus empleados. Demasiados jefes no respaldarán a los miembros de su equipo cuando suceden cosas malas. Tan pronto como algo arroja una sombra sobre el líder, abandonan a su gente. No quieren meterse en problemas ellos mismos. Están protegiendo sus propias carreras. Se alejan y dejan que el empleado asuma la culpa.

Este es el peor tipo de jefe. Cuando algo sale mal, inmediatamente dejan a los empleados colgados o, peor aún, los arrojan a los leones. Estos jefes quieren toda la gloria, pero no quieren asumir ninguna culpa por los fracasos. Lo que es peor es que todos en la organización lo saben y afecta profundamente la cultura.

Cuando los empleados saben que tienen un jefe que no los respaldará si sucede algo malo, dejan de correr riesgos, dejan de probar cosas nuevas, dejan de superarse, tienen miedo de fracasar y ese miedo detiene a la organización. La organización se estanca y las buenas personas empiezan a buscar otras oportunidades.

Nunca olvidaré la amabilidad de ese jefe. Puso mi carrera por delante de la suya. Estoy seguro de que su reputación se vio afectada por los retrasos y los gastos, pero nunca me mencionó nada. Sabía que estaba haciendo algo que no se había hecho antes y que había una posibilidad de fracaso. Se paró detrás de mí y me motivó a levantarme de nuevo y seguir adelante. Al final, el producto fue un gran éxito. Recibimos varias patentes, premios y reconocimientos de la industria por nuestro trabajo. Superamos con éxito a la competencia e introdujimos una nueva tecnología innovadora. Nuestro producto se convirtió en una referencia para la seguridad y los pedidos se incrementaron. La empresa tuvo un enorme éxito porque un líder me respaldó.

La importancia del respeto

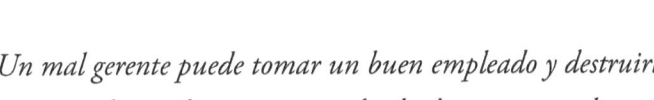

Un mal gerente puede tomar un buen empleado y destruirlo, causando que los mejores empleados huyan y que el resto pierda toda motivación. – Anónimo

Los empleados desmotivados pueden ser la muerte de una empresa. Los empleados a los que no les gusta su trabajo, que miran el reloj o ponen el mínimo esfuerzo en sus actividades diarias pueden arruinar el rendimiento de una empresa. El problema es significativo. Según el informe *State of the American Workplace* de *Gallup*, el 70% de los empleados actualmente no están comprometidos con el trabajo, lo que les cuesta a las empresas estadounidenses más de $ 450 mil millones en pérdida de productividad. Además, encontraron que los líderes juegan un papel fundamental en el nivel de compromiso.

Según la firma multinacional de contabilidad *Deloitte,* el 'compromiso de los empleados' se ha convertido en la frase de moda corporativa, con el 78% de los líderes empresariales diciendo que es una prioridad urgente e importante. Las empresas han probado una variedad de técnicas para mejorar su nivel de compromiso, pero, según *Gallup*, el porcentaje de empleados comprometidos no ha cambiado significativamente en los últimos cinco años.

¿Y si la solución al problema fuera simple? ¿Qué pasaría si, como líder, pudieras cambiar solo una cosa para crear una fuerza laboral activamente comprometida? La investigación ha demostrado que hay una respuesta simple y está relacionada con el nivel de respeto que les das a tus empleados.

Un estudio realizado por la empresa de consultoría de recursos humanos *Psychometrics Canada* indica que el compromiso de los empleados afecta directamente la producción y la eficiencia de una organización. Los empleados activamente comprometidos brindan beneficios reales y tangibles a las organizaciones. El estudio encontró que el 39% de los empleados comprometidos mostraron una disposición a hacer más de lo esperado, el 27% mostró una mayor productividad y el 13% informó mejores relaciones laborales.

También aprendieron que el factor más importante para crear y mantener un entorno de fuerte compromiso de los empleados era el liderazgo de la empresa. Más del 80% de los encuestados indicaron que los líderes y gerentes eran los principales responsables del nivel de compromiso de los empleados.

Cuando se les preguntó qué podrían hacer los líderes para mejorar el compromiso de los empleados, todos los encuestados señalaron una palabra: respeto. Los empleados quieren ser respetados por las personas para las que trabajan. Quieren líderes que sean considerados, comuniquen expectativas claras, escuchen las opiniones de los empleados y brinden retroalimentación regularmente.

La verdad es que muchos gerentes nunca han sido entrenados formalmente en liderazgo. Son promovidos debido a su educación, capacidad técnica o desempeño anterior. Debido a esto, es posible que no entiendan completamente cuán críticas son sus acciones para crear y mantener un entorno de compromiso de los empleados.

Paul Marciano, autor de *Carrots and Sticks Don't Work: Build a Culture of Employee Engagement with the Principles of RESPECT* (El palo y la zanahoria no funcionan: construya una cultura de compromiso de los empleados con los principios de RESPETO*)*, señala siete formas simples en las que los líderes pueden mostrar respeto a sus empleados:

Reconocimiento. Agradecer a los empleados y reconocer sus contribuciones de forma regular.

Empoderamiento. Proporcionar a los empleados los recursos, capacitación, información y la libertad adecuada para realizar el trabajo.

Retroalimentación. Dar retroalimentación de manera regular sobre el desempeño, tanto positivo como correctivo.

Asociación. Fomentar un entorno de trabajo colaborativo en el que se busquen y tengan en cuenta las opiniones de los empleados.

Establecer expectativas. Establecer y comunicar metas y objetivos claros de desempeño.

Consideración. Demostrar consideración genuina, empatía y amabilidad.

Confianza. Demostrar fe y creer en las habilidades, capacidades y decisiones de los empleados.

Como líderes, nuestras acciones pueden afectar directamente el nivel de compromiso de los empleados en nuestras empresas. Podemos predicar con el ejemplo mostrando respeto a nuestros empleados en todos los niveles. También es fundamental encontrar, capacitar y promover gerentes y supervisores que puedan demostrar estas habilidades de manera regular.

Así como los empleados que no están comprometidos pueden llevar a la muerte a una empresa, los empleados comprometidos pueden devolverle la vida. Es nuestro deber como líderes crear un ambiente donde los empleados sean respetados, comprometidos y estén emocionados de ser parte del equipo. Los resultados serán mejoras reales y tangibles en la moral y el desempeño de la empresa.

DEMOSTRAR QUE TE PREOCUPAS

*A nadie le importa cuánto sabes,
hasta que saben cuánto te importa.*
– A menudo atribuido a Theodore Roosevelt

El ex entrenador de los Vaqueros de Dallas y los Delfines de Miami, Jimmy Johnson, probablemente lo dijo mejor: «La diferencia entre lo ordinario y lo extraordinario es ese pequeño extra». Esto es especialmente cierto en el liderazgo. Tener los conocimientos comerciales correctos es fundamental para el éxito, pero la forma en que tratas a tu gente es ese pequeño 'extra' que realmente puede inspirar a una organización.

El problema es que demasiados líderes no ven esto. *Harvard Business Review* realizó un estudio de 20 000 personas en todo el mundo y descubrió que el 54 % de los empleados sentía que sus líderes no los trataban normalmente con respeto, "supusieron que a sus jefes no les importaban".

Christine Porath, profesora de la Universidad de Georgetown, investigó este tema con más detalle. Pidió a los gerentes que describieran por qué no trataban a sus empleados con respeto. Ella encontró que:

- Más del 60 % de los gerentes dijeron que estaban demasiado ocupados para tomarse el tiempo de ser amables.
- Otro 29% afirmó que simplemente actuaban como otros gerentes en su organización.
- Y el 4 % admitió que son intencionalmente irrespetuosos con los empleados porque sabían que podían salirse con la suya.

Esta falta de respeto y de cortesía tiene un impacto negativo en el compromiso de los empleados. Un estudio de *Harvard Business Review* encontró que mostrar respeto y cariño es más importante para el compromiso de los empleados que cualquier otro factor. Los empleados que dijeron que a su jefe les importaban estaban un 55 % más comprometidos.

La verdad es que no es difícil ni requiere mucho tiempo mostrar un interés genuino hacia tus empleados. Puedes realizar ese pequeño 'extra' para crear un ambiente de trabajo positivo donde las personas realmente quieran dar lo mejor de sí todos los días. En casi 30 años como líder, descubrí que estas 10 actividades simples pueden marcar una diferencia significativa en el compromiso de los empleados:

Estar presente. Nunca subestimes el poder de tu presencia, necesitas estar allí, tienes que moverte, no puedes dirigir tu empresa detrás de tu escritorio. Los empleados necesitan verte y tú necesitas verlos.

Concéntrate en ellos. Cuando interactúas con los empleados, recuerda que no se trata de ti. Hazles preguntas, infórmate sobre ellos, descubre lo que tienen en mente. La mayor parte de la comunicación corporativa es de arriba hacia abajo, pero cuando hablas con los empleados, existe la oportunidad de un diálogo más interactivo.

Sé respetuoso. No se necesitas mucho tiempo para decir por favor y gracias, y para reconocer que aprecias el esfuerzo de alguien.

No olvides sonreír. Como líder, te observan a diario y tu actitud es contagiosa. Incluso si estás teniendo un mal día, oblígate a ser positivo y sonríe cuando te relaciones con los empleados.

Préstales toda tu atención. Nada muestra una falta de respeto más que ignorar a un empleado. Cuando se trata de interacciones con los empleados, nunca realices múltiples tareas, deja de hacer lo que estes haciendo y dales tu atención. Es aceptable hacerles saber que necesitas un minuto para terminar lo que estes haciendo, pero luego tomate unos minutos **y bríndales el 100% de tu atención.**

Envía notas de agradecimiento. Una simple nota agradeciendo a un empleado por su esfuerzo adicional ayuda a reforzar los comportamientos correctos de los empleados. Muestra que te importan.

Envía tarjetas de aliento y pronta recuperación. Guardo una pila de tarjetas de **«recupérate pronto»** en mi escritorio para enviárselas a los empleados que están enfermos o que van a someterse a una cirugía. Es algo simple que demuestra que te preocupas por ellos como individuos.

Asiste a los funerales. Rudy Giuliani dijo célebremente: «Las bodas son opcionales, pero los funerales son obligatorios». Trato de asistir a los funerales de los familiares de mis subordinados directos y de los empleados o jubilados recientes. Esta es una forma fundamental de demostrar que te importan.

Dar la bienvenida a nuevos empleados. Una vez tuve un jefe que envió una canasta grande de galletas y bocadillos a mi casa después de contratarme. En él había una nota que decía: "Espero con ansias todas las grandes cosas que sé qué harás". Fue un simple gesto que nunca olvidaré.

Promueve una cultura de respeto. Es importante seleccionar líderes que comparten tu deseo de mostrar respeto a los empleados. La razón principal por la que los empleados dejan las empresas es el liderazgo deficiente de los gerentes de primera línea. Asegúrate de que tu equipo de liderazgo sepa la importancia que le das al respeto al ascender a aquellos que muestran los comportamientos correctos.

Para ser un líder extraordinario, tienes que amar a la gente. Debes hacer los 'pequeños extras' para demostrar que te preocupas, que estas escuchando y que reconoces los esfuerzos de tus empleados. La mayoría de los líderes afirman que no tienen suficiente tiempo para mostrar respeto a sus empleados, pero parecen encontrar tiempo para lidiar con las consecuencias de la baja moral y la falta de compromiso de los empleados.

Te desafío a probar estas 10 actividades simples y ver si hacen una diferencia en tu organización.

Celebrando a los empleados

Estoy convencido de que celebrar las victorias contribuye más a aclarar la visión que a cualquier otra cosa.
– Andy Stanley

Mi padre es increíble. Como electricista experimentado en alto voltaje jubilado, le encanta el hecho de que dirijo un negocio que fabrica productos eléctricos, siempre ha estado interesado en lo que estoy haciendo con la empresa. Está especialmente atento a las pequeñas cosas que hago por mis empleados. Lo que es aún mejor es que sugiere ideas de vez en cuando. El otro día, me hizo reír.

«Debería implementar miércoles de hot dogs», dijo. «Reúne a todos los empleados el miércoles por la tarde y coman hot dogs. Sería bueno para el ánimo y para consolidar el equipo».

A pesar del nombre gracioso, es una idea brillante.

Soy un gran defensor de hacer cosas adicionales para celebrar a los empleados. Es una de las mejores cosas que puedes hacer por el ánimo. He tenido el honor de liderar nueve industrias manufactureras diferentes en mi carrera. Descubrí que honrar a los empleados, celebrar los éxitos y tratar a las personas con respeto lleva a mejorar la satisfacción laboral, el ánimo y el compromiso.

A lo largo de los años, he hecho muchas cosas para celebrar a los empleados. Algunas de ellas eran grandes y requerían una planificación significativa; otras eran pequeñas, solo una manera simple de decir gracias. Independientemente del tamaño, cada una de ellas transmitía un mensaje: «Eres importante, respetado y apreciado».

Aquí hay algunos ejemplos de cosas que he hecho a lo largo de los años. No es una lista completa, sino solo una muestra de algunas de las cosas que puedes hacer por las personas. Espero que te inspire a pensar en nuevas formas de honrar y celebrar a tu equipo.

Fiesta de la langosta Durante una reunión con todos los empleados, una vez les prometí traer langosta para cenar a los trabajadores de la fábrica si alcanzábamos 1.000.000 de horas de trabajo seguro, algo que nunca se había hecho en esta fábrica. Cuando alcanzamos la meta, tuvimos una gran celebración que incluyó bistec y 400 langostas vivas traídas en avión desde Maine en New England, EE.UU.

El día de la familia. Este día invitamos a los empleados y sus familias a un gran parque de diversiones. Los empleados pasaron el día en el parque con sus familias y luego se reunieron para un almuerzo grupal en el pabellón, donde realizamos una rifa y entregamos regalos.

Viernes de trabajar en planta. En varias de mis plantas, el primer viernes de cada mes estaba reservado para que el equipo administrativo trabajara en piso. Esto nos dio la oportunidad de conocer mejor a las personas y aprender formas de facilitarles las cosas a nuestros operarios.

Jornada de puertas abiertas. A lo largo de los años, hemos abierto las puertas de nuestra empresa a familiares y amigos de los empleados. Estos fueron eventos divertidos con comida, actividades y una oportunidad para que los empleados mostraran dónde trabajan y qué hacían.

Cartas a domicilio. Una de las cosas que me gusta

hacer es enviar una carta a la casa de un empleado que fue más allá de sus responsabilidades. Es más poderoso que simplemente dárselo en el trabajo. Cuando la carta se envía a casa, la familia del empleado también puede verla.

Buddy el Elfo. En un negocio, tenía la tradición navideña anual de vestirme como Buddy el Elfo. Me subía a la parte trasera de un carro de mantenimiento eléctrico con otro gerente disfrazado de Papá Noel. Paseábamos por la planta y repartíamos dulces a todos los empleados.

Muro de la Fama. Inicié una tradición en una planta de colgar fotografías en el vestíbulo de los empleados que recibieron una patente y aquellos que habían calificado como cinturón negro en Seis Sigma. Todos los clientes que venían a nuestra planta sabían quiénes eran nuestros más destacados elementos.

Día de los Veteranos. Como veterano, siempre me he propuesto celebrar el Día de los Veteranos con todos nuestros empleados veteranos. Por lo general, implica una pequeña celebración con un pastel, un obsequio y una ceremonia para reemplazar la bandera estadounidense frente a la planta por una nueva.

Orgullo deportivo. En una empresa, hicimos que los empleados colgaran banderas de su equipo deportivo favorito en todas las oficinas. También tuvimos días de camisetas en las que se animó a los empleados a usar camisetas de equipos deportivos para trabajar.

Regalos. A la gente le gusta pertenecer a una organización y a todos les encanta los objetos que contienen el logo de la empresa. Conseguir una camiseta, una taza o una gorra con el logotipo de la empresa te da un sentido de orgullo y pertenencia. Me encanta ver a los empleados usar camisetas que han recibido como regalo a lo largo de los años. He repartido mochilas, tazas de café, botellas de agua, chaquetas, vasos de cerveza e incluso hieleras para agradecer a los empleados a lo largo de los años.

Esta lista es solo una pequeña muestra de algunas de las cosas divertidas que he hecho para celebrar y honrar a los empleados. Como líder, quiero crear un ambiente que sea seguro y divertido para que las personas realmente disfruten ir a trabajar todos los días. Creo en un lugar de trabajo donde los empleados talentosos sean respetados y empoderados, y donde se les brinde los recursos para atender plenamente las necesidades de nuestros clientes. En verdad, honrar y respetar a los empleados no es difícil ni costoso, pero los beneficios son increíbles.

Para aquellos que se preguntaban, seguí el consejo de mi padre y tuvimos nuestro primer 'miércoles de hot dogs'.

HACER ALGO MEMORABLE

La manera de regalar vale más que el regalo. – Pierre Corneille

Cuando la empresa que cofundé celebró su primer aniversario, quería hacer algo especial. Como puedes imaginar, el primer año de cualquier empresa nueva es especialmente difícil porque estas construyendo todo desde cero. Nuestros primeros nueve empleados tuvieron que enfrentar desafíos que nunca verán los futuros empleados. Eso los hace muy especiales.

Por eso, quería hacer algo único para agradecerles por sus extraordinarios esfuerzos. El desafío, por supuesto, era que éramos una empresa joven y nuestros recursos se destinaban a la nómina, el material de fábrica, el inventario y los viajes para visitar a los clientes. Necesitaba crear algo significativo que no costara mucho.

Solo toma un rápido paseo por nuestras oficinas para comprender lo que es significativo para las personas. Puedes ver lo mismo en tu negocio. Los empleados decoran sus áreas individuales de trabajo con cosas que tienen significado para ellos. Si miras más allá de los artículos personales hacia los objetos relacionados con el trabajo, verás los tesoros que los empleados guardan para recordar los momentos importantes de sus carreras. Son muestras del pasado que se exhiben con orgullo.

En mi caso, tengo una foto firmada por todos los empleados de mi primer negocio de manufactura. Es mi tesoro de trabajo más sagrado porque me recuerda todos los buenos momentos que pasé al frente de este increíble equipo.

Si deseas dar un regalo memorable, algo que se convierta en un tesoro especial para tus empleados, ten en cuenta estos cinco principios:

Debe ser una ocasión especial. Debe representar un logro significativo, tanto los regalos como las celebraciones deben ser especiales y deben representar algo de importancia para la empresa o el empleado. Celebrar y dar regalos con demasiada frecuencia minimiza el impacto.

Debe caber en un escritorio. Tiene que ser algo que pueda convertirse en un recuerdo. Dar una tarjeta de regalo, un vaso de viaje o una camiseta es genial, pero no es probable que se convierta en un obsequio preciado. Elije algo que sea único y que pueda mostrarse en el área de trabajo del empleado sin ocupar espacio.

Debería ser personal. Un obsequio con el logotipo de la empresa es agradable, pero tu obsequio significará más si está personalizado. Algo firmado por el equipo o con el nombre y el logro del empleado significará más.

Debe mostrar que el empleado es parte de algo especial. Como seres humanos, nos gusta pertenecer. Dar un regalo que demuestre que el empleado pertenece a un grupo especial o de élite tendrá más significado. Una placa conmemorativa de una patente o un cinturón negro Seis Sigma muestra que el empleado ha logrado una meta importante en su carrera.

Debe reforzar sus principios. Ten en cuenta que el empleado que recibe el regalo no es el único que se verá afectado. Otros empleados deben notar el obsequio y comprender su significado. Deben estar motivados para tratar de lograr un éxito similar.

En mi caso, decidí regalarle a cada uno de nuestros empleados una piedra tallada con el logo de la empresa y la frase «Los nueve fundadores». Cuando las presenté, dije que solo se fabricarían nueve de estas rocas y que ellos eran los únicos que las obtendrían. Elegí una roca porque representaba los cimientos sólidos con los que construiríamos la empresa. También quería que cada roca fuera diferente para representar las variadas fortalezas que cada persona aportaba al equipo.

Dar un regalo memorable es más fácil de lo que piensas. Camina por tus oficinas y aprende lo que tus empleados realmente atesoran. Te sorprenderá lo que ves. Seguir estos cinco principios simples te ayudará a dar obsequios que se convertirán en obsequios valiosos para tus empleados.

Dando regalos intangibles

He aprendido que la gente olvidará lo que dijiste, la gente olvidará lo que hiciste, pero la gente nunca olvidará cómo los hiciste sentir. – Maya Angelou

Al pensar en tu carrera, ¿Qué obsequios recibiste de las personas para las que trabajaste? No estoy hablando de regalos físicos, sino de las cosas que te dejaron un impacto duradero.

Un estudio de *Glassdoor* encontró que el 66% de los empleados cree que sus jefes directos tuvieron un impacto en sus carreras; El 52% indicó que el impacto fue positivo, mientras que el 20% dijo que fue negativo. El desafío como líderes es que, nos guste o no, dejamos un legado duradero en las personas que nos siguen.

Al mirar hacia atrás y ver a todos los líderes para los que he trabajado, puedo recordar una serie de buenos regalos que han tenido un efecto duradero en mí:

El regalo de la confianza. Como oficial subalterno asignado a mi primer submarino, tenía un oficial al mando que me elegía regularmente para las tareas más difíciles. Aunque estaba lleno de dudas, me dijo que confiaba en mí y que haría un buen trabajo. Esa confianza me dio confianza.

El regalo del aprecio. Una vez tuve un jefe que envió una gran canasta de galletas y bocadillos a mi casa después de contratarme. En él había una nota que decía: «Espero con ansias todas las grandes cosas que sé que harás». Fue un simple gesto que decía que me apreciaba como persona incluso antes de que comenzara a trabajar.

El regalo de la fe. El líder que me seleccionó para dirigir mi primera fábrica me eligió para el trabajo, aunque nunca había dirigido una fábrica. Su acción me dijo que tenía fe en mis habilidades y trabajé duro para demostrar que tenía razón.

El regalo del apoyo. Cuando estaba pasando por una transición de carrera, tuve varios jefes que se desvivieron por brindarme apoyo y asesoramiento durante todo el proceso. Su apoyo durante esos momentos estresantes fue exactamente lo que necesitaba para hacer una transición exitosa.

El regalo del aliento. Cuando era un joven ingeniero de diseño, tuve una falla importante en un nuevo producto en un laboratorio de pruebas, lo que le costó a mi empresa miles de dólares. Tuve que llamar a mi jefe para darle la mala noticia. En lugar de una reprimenda, me animó a aprender todo lo que pudiera sobre la falla, mejorar el producto y volver al laboratorio.

El regalo del reconocimiento. He tenido varios jefes que me han seleccionado para recibir premios o me han reconocido públicamente por mis acciones. En la mayoría de los casos, fue una sorpresa total. Aunque no trabajé por el reconocimiento, fue agradable recibir ese tipo de comentarios positivos.

El regalo de un reto. Una vez tuve un jefe que cuestionó un plan de negocios que desarrollé. Aunque había creado un plan sólido, hizo una pregunta simple que lo cambió todo. Simplemente dijo: «Esto es genial, pero ¿En qué no has pensado que podría duplicar tu negocio?» Ese reto fue el catalizador que cambió todo mi pensamiento y modelo de negocios.

Cuando mires hacia atrás como líder, piensa en los regalos que has estado dando. ¿Han sido buenos regalos? ¿Cuál es el legado duradero que estás dejando a las personas que trabajan para ti? ¿Qué puedes hacer diferente en el futuro?

ESCUCHA A TUS EMPLEADOS

Los líderes deben reconocer que la clave del éxito y el crecimiento es hacer que los empleados te digan lo que realmente está pasando. – Vineet Nayar

¿Qué pasaría si pudieras saber lo que piensan tus empleados? ¿Qué pasaría si pudieras ver la empresa a través de sus ojos? ¿Cómo cambiaría tu liderazgo si supieras lo que realmente motivó a tu equipo?

Lo creas o no, comprender a tu equipo y cómo liderarlo de manera efectiva es más fácil de lo que piensas. El problema es que la mayoría de los líderes no pasan suficiente tiempo con los empleados para escucharlos realmente.

Escuchar a los empleados es una habilidad fundamental que se debe dominar para convertirte en un líder más perspicaz y eficaz. Esto parece simple, pero a menudo se pasa por alto. La mayoría de los líderes pasan el día en una burbuja, se encuentran rodeados de personas que ven a la empresa exactamente como ellos. Salir de la oficina y dedicar tiempo a escuchar a los empleados te ayudará a salir de esa burbuja y te dará una perspectiva diferente.

Aquí encontraras 4 maneras en las que escuchar a tus empleados mejorara tus habilidades como líder:

Creas relaciones. Cuando dedicas tiempo a escuchar a los empleados, llegas a conocerlos y ellos te conocerán. En el proceso, construyes respeto mutuo y construyes una relación. A medida que aprendes más sobre sus pasiones y desafíos, comprendes cómo liderarlos de manera más efectiva. Además, te conocerán a ti y las razones detrás de tus acciones.

Te enfrentas a la realidad. Escuchar a los empleados te da una perspectiva única. Descubres cómo van realmente las cosas. Los empleados pueden ser brutalmente honestos, razón por la cual muchos líderes evitan esta actividad. Si vas a liderar de manera efectiva, debes afrontar la realidad y abordar los desafíos que enfrenta tu equipo.

Descubres temas en común. Al escuchar a los empleados, descubre temas en común. Estas son pequeñas piezas de una narrativa que cuentan una historia más grande. Es posible que los empleados tengan problemas con uno de sus supervisores o con una nueva pieza de software. Puedes descubrir una queja común de un cliente o un cuello de botella persistente en la producción. Pasar tiempo con los empleados te brinda acceso a información real que a menudo se filtra en una estructura jerárquica tradicional.

Construyes un equipo. Cuando los líderes y los empleados pasan tiempo juntos, se vuelven más conscientes de que están en el mismo equipo. Es fácil culpar a alguien que no conoces o no logras entender por tus problemas. Escuchar a los empleados puede ayudar a eliminar la mentalidad de 'nosotros y ellos'. Cuando hacemos eso, podemos centrar mejor nuestra atención en los clientes, la competencia y mejorar como empresa.

Algunas de las mejores ideas de liderazgo se encuentran en la sala de descanso, no en la sala de juntas. Si te encuentras rodeado de personas que ven a la empresa exactamente como tú, probablemente necesites salir de tu burbuja y dedicar tiempo a escuchar a los empleados. Este simple acto te ayudará a construir relaciones significativas, enfrentar la realidad, descubrir preocupaciones en común y construir un equipo más fuerte.

Comunicando cara a cara

*Escucha más de lo que hablas y habla
más de ellos que de ti.* – Roy T. Bennett

¿Alguna vez has tenido uno de esos jefes que nunca estuvo presente? Trabajaban en una oficina con la puerta cerrada, nunca llegaban a tu área de trabajo, pasaban todo el tiempo en reuniones, ¿O tal vez ni siquiera sabían tu nombre? Como empleado, puede ser increíblemente desalentador tener un jefe desinteresado.

El problema es que la mayoría de los líderes no entienden el poder de su presencia. No entienden la importancia de la comunicación cara a cara. Probablemente por eso, según el informe State of the American Workplace de *Gallup*, el 70% de los empleados no están comprometidos con su empresa. Los empleados necesitan verte y tú necesitas verlos.

Entonces, ¿Por qué es importante que los empleados vean a su jefe regularmente? Permíteme sugerir cinco razones simples por las que los líderes deben estar cara a cara con sus empleados, especialmente en esta época de oficinas descentralizadas y ubicaciones remotas:

Aseguras una comunicación adecuada. Robert Whipple, CEO de *Leadergrow*, una organización dedicada al desarrollo de líderes escribió sobre esto en un artículo llamado «Cara a Cara». En él, hace referencia al antiguo estudio de la UCLA que demostró que solo el 7% de lo que se entiende proviene de las palabras, el resto proviene de las expresiones faciales y el tono de tu voz. Él sugiere que, en una época de oficinas descentralizadas, una dependencia excesiva de los mensajes de texto y correos electrónicos hará que sus comunicaciones sufran. Debes ver a tus empleados cara a cara para asegurarte de que tu mensaje sea entendido.

Ves lo que realmente está pasando. Como líder, debes salir de tu oficina e ir al lugar donde se realiza el trabajo de valor agregado. Muchas veces, los líderes toman decisiones basadas en lo que creen que está pasando. A menos que pases tiempo con tus empleados cara a cara, habrá una brecha significativa entre la realidad y tus suposiciones sobre la realidad.

Aprende cosas nuevas. Hay un extenso y útil mundo de 'conocimientos tribales' por descubrir. La sabiduría colectiva de tus empleados es increíble, pero debes estar presente para conocerla. Tus empleados saben qué funciona y qué no. Saben dónde están los verdaderos problemas y oportunidades. Pasar tiempo con los empleados te da una nueva perspectiva.

Verte accesible. A todos los jefes les gusta ser vistos como accesibles, pero ¿Qué dicen tus acciones a tus empleados? ¿Trabajas con la puerta de tu oficina cerrada? ¿Caminas por la oficina mirando al suelo? Demuestra que eres accesible saliendo de tu oficina con el propósito de dar los buenos días a tus empleados. Si tienes empleados remotos, pasa una semana trabajando en la ubicación donde se encuentran para que te vean. Cuanto más accesible parezcas, más probable es que se abran y te hablen.

Te ven como parte del equipo. Con demasiada frecuencia, los líderes piensan que son más importantes que sus empleados. La verdad es que se está produciendo más actividad de valor añadido con tus empleados que contigo. Puedes que seas el entrenador, pero ellos están en el campo haciendo que las cosas sucedan todos los días. Al estar presente para hablar con tus empleados, te ven como una parte importante del equipo, no solo como un nombre en la parte inferior de un correo electrónico.

Tu eres la imagen de la compañía. Te guste o no, tus empleados te ven como la empresa. Si eres distante y desvinculado como líder, lo mismo ocurrirá con tu empresa. La verdad es que los líderes de primera línea superan a los directores ejecutivos cuando se trata del compromiso de los empleados. Un estudio de Harvard Business Review encontró que el 73% de los empleados dijeron que los gerentes de primera línea eran de vital importancia para lograr un alto nivel de compromiso de los empleados. Si deseas empleados comprometidos, debes ser un líder comprometido.

El hecho de que el 70% de los empleados en los EE. UU. estén desconectados en el trabajo me dice que, como líderes, todavía tenemos mucho trabajo por hacer para mejorar nuestras habilidades de liderazgo. Una de las habilidades más importantes es simplemente pasar tiempo con tus empleados cara a cara. Con demasiada frecuencia, los líderes están desconectados y desinteresados. Estar presente garantiza que te estás comunicando correctamente, te enfrentas a la realidad, te vuelves más accesible y fomentas un entorno de compromiso de los empleados. Al final, salir de la oficina y pasar tiempo con tus empleados te convertirá en un mejor líder.

Entendiendo el poder de tu presencia

El liderazgo consiste en hacer mejores a los demás como resultado de tu presencia y asegurarte de que el impacto dura en tu ausencia.– Sheryl Sandberg

Nunca subestimes el poder de tu presencia y cómo afecta a tu equipo. Como líder, todo el mundo te está mirando. Si llegas tarde a las reuniones, todo el mundo lo sabe. Si no usas tu equipo de protección personal en la fábrica, todos lo ven. Si te vas temprano, tu equipo está muy consciente. Lo que haces habla más fuerte que lo que dices. La verdad es que tu estándar de desempeño mínimo aceptable es a menudo el nivel máximo para tu equipo, por lo que tus acciones deben ser consideradas cuidadosamente.

Un gran ejemplo del poder de la presencia se produjo hace varios años cuando asumí el liderazgo de una fábrica con alrededor de 200 empleados. Mientras caminaba con el equipo de gerencia por diferentes áreas en mi primer recorrido por la planta, vi un montacargas que venía hacia mí desde un pasillo perpendicular. Era un pasillo ciego y miré hacia arriba y noté que no había un espejo de seguridad montado en la intersección. Era un problema de seguridad que necesitaba ser abordado. Tomé nota mental de ello, pero no le dije nada al equipo.

A la mañana siguiente, mientras caminaba por la planta por mi cuenta, me dirigí a la misma intersección. Para mi sorpresa, alguien había montado un espejo de seguridad en el lugar exacto donde había estado mirando. Nunca mencioné nada al equipo de liderazgo, pero vieron claramente dónde busqué y sabían que acababa de encontrar un problema de seguridad. Lo abordaron incluso antes de que lo mencionara.

Aprendí tres lecciones importantes de esta experiencia:

Como líder, la gente te está observando. Se dan cuenta de las pequeñas cosas que haces, lo que dices y cómo lo dices. Se dieron cuenta de que miré hacia arriba y vieron que algo andaba mal. Aunque no había dicho una palabra, sabían que estaba preocupado, así que tomaron medidas sin que se lo dijeran.

Tu estándar mínimo de desempeño es a menudo el

nivel máximo para tu equipo. Si hubiera caminado por esa intersección sin darme cuenta del problema, es posible que nunca se hubiera solucionado. Como líderes, si pasamos por alto un problema y no lo reconocemos, nuestra gente pensará que es aceptable. Como ejemplo, nunca paso por alto un pedazo de basura en el trabajo porque sé que al simplemente detenerme y recogerlo envía un mensaje claro.

Si deseas señalar tus prioridades, debes salir de tu oficina. Ese rápido recorrido por la planta le indicó al equipo de gerencia que quería ver lo qué estaba pasando. Notar que faltaba el espejo de seguridad mostró que la seguridad era importante para mí. La única forma en que estarás expuesto a lo que realmente está sucediendo en tu negocio es salir de tu oficina e ir a donde se genera valor.

Tu presencia es poderosa y lo que haces es notable. Nunca pierdas la oportunidad de comunicar tus prioridades a través de tus acciones.

El problema de estar muy ocupado

A menudo, quien hace demasiado,
hace demasiado poco. – Proverbio italiano

«A los gerentes de esta empresa simplemente no les importa». Ese fue el comentario que acababa de recibir de uno de mis trabajadores de producción y estaba tratando de procesarlo. Había trabajado duro con mi equipo de liderazgo para lograr que se comprometieran con los empleados. No podía entender por qué no estábamos viendo mejores resultados.

Los comentarios llegaron durante el 'festejo de cumpleaños' mensuales. Como gerente de planta, me reuní con un grupo diferente de empleados cada mes para conocer sus opiniones sobre cómo iba el negocio. Se llamaban festejos de cumpleaños mensuales porque se invitaba a los empleados que cumplían años en ese mes. Dirigía una pequeña operación de fabricación con 160 empleados, cada reunión tenía alrededor de 10-15 empleados. Los comentarios de este mes fueron difíciles de digerir.

Presioné para obtener más detalles. Quería entender por qué este empleado pensaba que a nuestros gerentes no les importaba. Habló específicamente de uno de los gerentes: «Cada vez que lo veo, o tiene la cabeza agachada o esta apresurado en llegar a otra reunión». La persona de la que estaba hablando era mi mejor gerente. Se preocupaba profundamente por su equipo y la fábrica en general. Era un buen líder. ¡No podía creer lo que estaba escuchando!

Más tarde ese día, hablé con el gerente. Quería obtener su perspectiva y lo que dijo fue igualmente revelador. Me dijo que estaba muy ocupado, tan ocupado, de hecho, que mantenía la cabeza agachada cuando caminaba por la planta. Me dijo: «No quiero distraerme ni involucrarme en una larga conversación. Tengo mucho que hacer y quiero hacerlo todo». Para mi sorpresa, me di cuenta de que mi equipo de gerencia estaba tan ocupado que no tenían tiempo para liderar.

Esto sucede con demasiada frecuencia en las organizaciones. Los líderes con buenas intenciones asumen demasiadas actividades, no logran delegar adecuadamente las tareas y, al final, no logran liderar adecuadamente a sus equipos. Están demasiado ocupados y los empleados sienten que no les importa nada.

Si sientes que estás demasiado ocupado para liderar, da un paso atrás y realiza este sencillo ejercicio:

Anota lo que haces cada día. Mantén un cuaderno de actividades diarias durante una semana y ve dónde pasas todo tu tiempo. En la mayoría de los casos, te sorprenderás con los resultados.

Identifica aquellas cosas que solo tú puedes hacer como líder. Revisa tus actividades diarias y marca aquellas que solo tú puedes hacer. Estas son tareas críticas como planificar, dirigir, evaluar e interactuar con los empleados.

Identifica las actividades que puedes delegar. Determina qué actividades se pueden delegar. Estas son acciones que pueden ser realizadas por otros. Son tareas que consumen mucho tiempo y que otros están más preparados para completar.

A menudo confundimos ajetreo con utilidad o eficacia. En el caso de los líderes, estar ocupados en realidad puede ser perjudicial para nuestro papel más importante, el liderazgo es el acto de influir en un grupo de personas para lograr una meta. Si pasamos todo nuestro tiempo completando tareas, nos perdemos el importante trabajo de influir. Mientras te apresuras a llegar a una reunión o pasar todo el día trabajando en correos electrónicos, estás perdiendo la oportunidad de interactuar con tu equipo. Y peor aún, piensan que no te importa.

La simple verdad es que cuando encuentras formas de dejar de estar tan ocupado, te conviertes en un mejor líder.

EL LÍDER AUSENTE

Cuando no hay líder, o cuando el líder está en silencio, el caos se apodera. – Jon S. Rennie

Si bien la mayoría de las personas identifican la microgestión como el peor estilo de liderazgo, existe otro tipo de jefe que es igualmente destructivo para una organización, el líder ausente.

Este es el tipo de jefe que es distante, reservado o tan ocupado que no realiza las funciones básicas de un líder. El liderazgo se trata de estar presente, se trata de dirigir su equipo y lograr objetivos. También se trata de resolver problemas y conflictos cuando surgen.

Los líderes ausentes crean una situación en la que cada empleado hace lo que cree que es mejor para la organización. La mayoría de las personas se preocupan por su empresa y quieren que tenga éxito, pero cuando el líder se aleja, no hay una persona unificadora que guíe a la organización. Cada uno decide lo que es mejor hacer. En ausencia de una dirección clara, la organización se alejará más de su misión.

El otro problema es que un individuo puede elegir ir por un camino y otra persona va por un camino diferente. Esto da como resultado que la organización sea empujada en muchas direcciones diferentes y cree conflictos internos, debates y discusiones innecesarias, lo que desperdicia tiempo y recursos valiosos.

Otro ejemplo de esto son los rumores. Cuando un líder no explica adecuadamente lo que sucede en una organización, especialmente en tiempos de cambio, los rumores comienzan a correr. La gente especulará sobre lo que va a pasar. Estos rumores correrán a través de una organización y no harán más que crear preocupación y desperdiciar tiempo, energía y recursos.

Hay tres formas de evitar convertirse en un líder ausente:

>**Estar presente.** Estar allí para tu equipo. Escucha lo que está pasando en la organización. Camina por el lugar de trabajo y déjate ver. Mantente alerta a los rumores y debates internos. Comprende dónde las personas pueden estar desperdiciando energía y dónde

existe una división.

Liderar la organización. Establece la visión, los objetivos, los límites y las expectativas claras. Haz saber a tu equipo cuáles son las prioridades. Mantente allí para resolver conflictos y tomar decisiones difíciles. No te alejes de tus responsabilidades.

No defiendas el caos. El trabajo del líder es construir un negocio estable y que funcione sin problemas. El caos siempre debe ser la excepción y no la regla. Es bueno tener debate y discusión, pero permitir peleas internas y discusiones constantes solo desperdicia el tiempo y la energía de una organización. No te acerca a tu objetivo.

Echa un vistazo a tu empresa y ve lo que está pasando. Si hay caos y confusión, probablemente no estés haciendo tu trabajo; podrías ser un líder ausente. Puedes tener el título de liderazgo y la oficina de la esquina, pero no estás liderando a tu equipo, y eso puede ser devastador para tu organización.

Deja de ser un necio

Los líderes que no escuchan eventualmente estarán rodeados de personas que no tienen nada que decir. – Andy Stanley

En más de 30 años de trabajo, quisiera poder decir que nunca he trabajado para un mal gerente. La verdad es que he tenido algunos jefes terribles. Parte del problema es la falta de capacitación en liderazgo. La mayoría de los gerentes de hoy han recibido poca o ninguna capacitación para dirigir personas. La otra parte del problema es que algunas personas son simplemente necias. Amy Osmond Cook escribió sobre esto en un artículo llamado «¿Eres un necio? 10 preguntas que debes hacerte». En él, proporciona una autoevaluación para verificar tu nivel de 'necedad'. Aplicando este pensamiento, creé una lista para que evalúes tu estilo de liderazgo y veas si eres un necio en el trabajo. Aquí hay 10 características de los jefes que son necios:

No le darán a los demás toda su atención. Una señal segura de que un jefe es un necio es si está más interesado en sus teléfonos, computadoras o papeleo más que en las personas que trabajan para él. Los grandes jefes dejan lo que están haciendo para escuchar a su gente. Los necios no.

Hacen promesas sin intención de cumplirlas. Los malos jefes hacen falsas promesas para obtener lo que quieren de la gente. Les dicen a los empleados lo que quieren escuchar sin intenciones de cumplir su palabra. Los grandes jefes cumplen con sus compromisos con su gente, los necios no.

Mantienen toda la información para ellos. Los grandes jefes confían en las personas y son abiertos y honestos con las comunicaciones. Los malos jefes no confían en nadie y rara vez comparten información por temor a que pueda ser utilizada en su contra. Los jefes que intencionalmente mantienen a su gente en la oscuridad son necios.

Se mantienen aislados. La puerta de la oficina cerrada es una señal segura de que quieren que los dejen solos y una buena indicación de que pueden ser necios. Los malos jefes permanecen aislados, rara vez visitan a sus empleados y evitan pasar tiempo con la fuerza laboral. Los jefes que son necios nunca visitan las áreas de trabajo de sus empleados y no tienen idea de lo que hacen por la empresa.

Les importa más su carrera que la empresa. Los jefes que son necios toman cada decisión en función de cómo será su carrera. Solo se preocupan por sí mismos y están dispuestos a permitir que les sucedan cosas malas a otros departamentos o empleados si eso los hace lucir mejor. Los grandes líderes ponen a la empresa y a su gente por delante de ellos mismos.

No muestran respeto por el tiempo de los demás. Los jefes que son necios constantemente llegan tarde a las reuniones, reprograman citas con frecuencia y mantienen a los empleados en conversaciones mucho después del final de sus turnos. Los grandes líderes tratan a su gente y su tiempo con respeto. Los necios solo se preocupan por ellos mismos.

No confían en ti para tomar decisiones. Los necios tienden a microgestionar y no confían en los miembros de su equipo para tomar decisiones. Los grandes líderes inspiran y empoderan a las personas porque confían en ellas. Los jefes que dicen que no pueden confiar en ninguno de sus empleados probablemente sean necios.

No dan acceso directo a la alta dirección. Debido a que los necios están motivados principalmente por sus carreras, pasan mucho tiempo controlando los mensajes a sus supervisores. Temen que los empleados arruinen su farsa y revelen la verdad. Los gerentes que mantienen a los empleados alejados de los altos directivos probablemente sean necios.

Usan palabras como 'yo' más que 'nosotros'. No hay un 'yo' en el equipo, pero hay muchos que vienen de necios. La forma en que hablan con sus propios jefes te dará una indicación de su nivel de necedad. Si pierdes la cuenta de la cantidad de veces que dicen 'yo', especialmente cuando saben que deberían decir 'nosotros', probablemente sean necios.

Rara vez brindan elogios, pero documentan cuidadosamente todas las críticas. Una señal clara de que un jefe es un necio es si pone todas las críticas por escrito y rara vez elogia el trabajo de sus empleados. Poner comentarios negativos por escrito es una señal de que están construyendo un caso contra un empleado, probablemente para el despido. Recuerda, a los necios solo les importa su carrera, todos los demás pueden ser sacrificados.

Si presentas dos o más de estos signos, es posible que seas un necio, pero está bien, hay una cura. También es simple: habla con las personas que trabajan para ti, pídeles sus comentarios honestos, pregúnteles dónde te estas quedando corto y cómo puedes ser un líder más efectivo. Escuchar y tomar medidas sobre las críticas constructivas de tus empleados es una señal segura de que estás por el camino de la recuperación.

CONSTRUIR UN EQUIPO IMPARABLE

Los grandes equipos encuentran la manera de ganar. - Allan Ray

¿Alguna vez has notado que hay algunos equipos que simplemente saben cómo ganar? Empresas que superan a sus rivales, equipos deportivos que dominan su competencia o unidades militares que parecen hacer lo imposible. Hay algo especial en estos equipos que los hace imparables.

Considera los Patriotas de Nueva Inglaterra 2016-2017 en el Super Bowl. A la mitad del tercer cuarto, estaban perdiendo 28-3. Ningún otro equipo en la historia del Super Bowl había remontado esta diferencia. A pesar de las probabilidades, el mariscal de campo Tom Brady estaba seguro de que ganarían. Más tarde, cuando se le preguntó por qué tenía tanta confianza, dijo: «Estamos juntos en el vestidor todos los días y sabemos de qué se trata. A eso se reduce. Creer en los demás, cada uno haciendo su trabajo».

Como líderes, nuestro trabajo es construir y liderar nuestros equipos. Liderar un equipo es una cosa, pero ¿Cómo construyes un equipo y lo haces imparable? ¿Cómo construyes un equipo que sea resistente, persistente y constantemente efectivo?

Permíteme sugerir cuatro consejos importantes a tener en cuenta al construir un equipo imparable:

Selecciona personas que tengan conjuntos de habilidades complementarias. Esto es especialmente importante en equipos pequeños. Todos deben tener una experiencia específica que se requiere para lograr el objetivo del equipo. Tomemos, por ejemplo, los Navy Seals. En cada equipo, hay especialistas como médicos, francotiradores, técnicos de explosivos, maestros de salto, maestros de buceo o expertos en idiomas. Aunque hay habilidades superpuestas, el equipo confía en los expertos para el éxito en áreas específicas de la misión. Mira el equipo que estás armando. ¿Tienen conjuntos de habilidades complementarias? ¿Tienen las habilidades combinadas para completar el objetivo?

Selecciona personas que hayan alcanzado un alto nivel de competencia. Como ex oficial naval en submarinos nucleares, aprecio la brillantez del programa de calificación de la Marina. Para ascender o asumir determinadas funciones, había que pasar por un riguroso proceso de selección. Esto significaba que todas las personas con las que serví habían alcanzado un alto nivel de competencia. Esto estableció el respeto mutuo en todo el equipo y generó un alto nivel de confianza. Sabías que tu compañero de equipo te respaldaba. Si bien es más difícil de hacer en los negocios, debes considerar cuidadosamente la capacidad de cada miembro del equipo.

Selecciona personas que hayan demostrado su valor en la adversidad. Las personas persistentes son extremadamente valiosas para el éxito de cualquier equipo. Busca aquellos empleados especiales que puedan dar un paso al frente y entregar resultados independientemente de las circunstancias adversas. Busca personas que no se rindan y que tengan un historial comprobado de perseverancia. Busca al ingeniero que tuvo dos trabajos y asistió a la escuela nocturna durante seis años para graduarse, al veterano que sirvió en dos períodos de combate o al gerente de planta que ascendió desde el piso de producción. Estas son las personas que marcarán la diferencia cuando las cosas se pongan difíciles.

Selecciona personas que no sean egoístas y que pongan la misión en primer lugar. El éxito de los equipos imparables reside en el singular enfoque de la misión. Los empleados que ponen la misión en primer lugar entienden que el objetivo tiene prioridad sobre las metas individuales y las aspiraciones profesionales. En el ejemplo de Tom Brady, aceptó un recorte salarial para permitir que su equipo tuviera el presupuesto para atraer a otros grandes talentos. Esta mentalidad crea una cultura en la que los individuos se hacen mutuamente responsables de la meta del equipo. Hay poco espacio para la política de oficina y los egos cuando la prioridad es ganar.

El objetivo del liderazgo es dirigir a un grupo de personas para lograr una meta común. La parte más importante de ese objetivo es elegir a las personas adecuadas que conformarán el equipo. Seleccionar empleados con las características, la experiencia y la mentalidad adecuadas puede facilitar el trabajo de vencer. Los equipos imparables son poco comunes porque construir un equipo como este no es fácil. Debes encontrar a las personas adecuadas: empleados con conjuntos de habilidades complementarios y un alto nivel de competencia que hayan demostrado su valía en la adversidad y que también pongan la misión en primer lugar.

Cómo recibir lo máximo de tu equipo

El éxito requiere un esfuerzo mayor del que la mayoría de los empleados están dispuestos a hacer, sin embargo, no más del que la mayoría es capaz de hacer.
– Percy Barnevik

Yo era un gerente de ingeniería de 32 años sin prácticamente ninguna experiencia en fabricación, pero eso no importaba. La empresa necesitaba un líder fuerte para hacerse cargo de una de las operaciones de fabricación clave de la división y, como había demostrado la capacidad de hacer las cosas, me pidieron que dirigiera este negocio. Esta fue la cultura que creó Percy Barnevik.

Mi primer trabajo después de servir en la Marina de los EE. UU. fue para ABB, una empresa de ingeniería multinacional. Nuestro CEO en ese momento era el sueco legendario y agresivo, Percy Barnevik. En 1988, Barnevik creó ABB al llevar a cabo la fusión europea más grande en ese momento, reuniendo a dos potencias de la ingeniería, ASEA y Brown Boveri Ltd.

Lo que me encantó de Barnevik fue su determinación hacia la acción. Hacia las cosas. Era resolutivo y esperaba lo mismo de sus empleados. La cultura de la empresa en ese momento reflejaba su personalidad. Nos movíamos rápido y lo arreglábamos en el camino. Sabía cómo sacar lo mejor de sus empleados desafiándolos a hacer más.

Barnevik creía en sacar el máximo provecho de sus equipos. Creó una cultura en la que nos desafiamos unos a otros a hacer lo imposible. Era una empresa donde constantemente se cuestionaba el statu quo y trabajábamos duro para crear nuevos niveles de desempeño.

Entendió que uno de los roles más importantes de un líder es establecer expectativas y Barnevik mantuvo sus estándares muy altos. Esperaba un desempeño sólido, pero también sabía que tenía que crear un entorno en el que los empleados pudieran arriesgarse y probar nuevos métodos y técnicas para mejorar el negocio.

Aquí hay cuatro cosas que hizo Barnevik para sacar el máximo provecho de sus equipos:

Tareas desafiantes. Barnevik pensó que las buenas

personas deberían ser desafiadas. No era raro que los empleados de alto rendimiento fueran colocados en tareas de alto perfil que estaban mucho más allá de sus habilidades probadas. Esto permitió a los empleados tener la oportunidad de mostrar sus habilidades y proporcionó a la gerencia una forma de evaluar rápidamente el talento.

Desarrollo profesional. Barnevik creía en dar a los empleados oportunidades para crecer profesionalmente. Durante el tiempo que trabajé para él, asistí a innumerables sesiones de capacitaciones nacionales e internacionales que me expusieron a nuevas ideas y me ayudaron a desarrollar aún más mis habilidades de liderazgo.

Una cultura del perdón. Barnevik llevó la toma de decisiones al nivel más bajo e incorporó una cultura de decisión en todos los niveles. Creó una cultura de velocidad, decisión y perdón. Si tomaste una mala decisión, no fue el final de tu carrera. Se esperaba que lo arreglaras y siguieras adelante. Esto permitió a los líderes probar nuevas ideas para mejorar el desempeño sin el temor constante de ser despedidos.

Reconocimiento por alto rendimiento. Barnevik también entendió que la excelencia debe ser reconocida. Tenía innumerables programas para reconocer logros significativos en toda la organización. Esto generó comentarios positivos para los empleados de alto rendimiento y generó competencia interna, lo que siguió impulsando el rendimiento.

Tuve la suerte de trabajar con Percy Barnevik durante su tiempo en ABB. Debido a la cultura que creó, tuve la oportunidad de dirigir una operación de fabricación a una edad temprana. La empresa siguió invirtiendo en mí y crecí como líder empresarial. Como muchos, prosperé en la cultura que él creó, donde se valoraba la velocidad, la decisión y el perdón reconociendo grandes logros.

Reconocer y desarrollar nuevos líderes

Hacer grandes cosas es difícil; pero dirigir cosas grandes es más difícil. – Friedrich Nietzsche

Tuve la gran oportunidad de impartir una sesión sobre liderazgo a un grupo de estudiantes graduados que estaban terminando su programa de MBA Internacional en la Universidad de Carolina del Sur. Mi presentación se tituló «El liderazgo importa: lecciones de primera línea». Los comentarios que recibí fueron positivos pero un poco sorprendentes.

Los estudiantes dijeron que la presentación fue extremadamente valiosa porque los expuso al mundo real del liderazgo empresarial. Dijeron que era la primera vez que tenían la oportunidad de escuchar a un ejecutivo experimentado hablar claramente sobre los desafíos de liderar personas. Resulta que en realidad no hay cursos sobre liderazgo en su programa de estudio.

La triste verdad es que la mayoría de los gerentes de hoy no han recibido ninguna capacitación formal en liderazgo. La mayoría de los empleados ascienden a puestos de liderazgo debido a su educación, antigüedad, habilidades técnicas o desempeño anterior. La mayoría simplemente aprende liderazgo en el trabajo y muchos no tienen las habilidades necesarias para ser un líder. Esta es probablemente la razón por la cual existe tal brecha de liderazgo en los negocios hoy en día.

De hecho, la organización *Gallup* informa que el 70 % de los empleados permanecen desinteresados por el trabajo, un número que se ha mantenido constante durante los últimos cinco años. También encontraron que el liderazgo jugó el factor más significativo en el nivel de compromiso de los empleados. Descubrieron que los líderes representaban la mayor fuente de variación en el compromiso de los empleados en todas las empresas. Sus conclusiones fueron claras e inquietantes. La falta de grandes líderes en las empresas es la principal razón de la falta de compromiso de los empleados.

Peor aún, llegaron a la conclusión de que los grandes líderes son raros y difíciles de encontrar. Su estudio mostró que solo una de cada 10 personas posee el talento para liderar personas. Ese 10 % tiene las habilidades y destrezas naturales para involucrar a los empleados, trabajar con los clientes, retener a los mejores talentos y crear una cultura de alto rendimiento.

También encontraron que un 20% adicional de personas tienen algunas de las características necesarias para ser un gran líder. Esas personas pueden convertirse en grandes líderes si su empresa invierte en capacitación y planes de desarrollo para ellos. La conclusión de *Gallup* fue que los grandes líderes son difíciles de encontrar y la mayoría requerirá preparación y capacitación para alcanzar su máximo potencial.

¿Cómo puedes cerrar la brecha de liderazgo en tu organización? Permíteme sugerir cuatro áreas de enfoque:

Busca talentos y habilidades de liderazgo en tus empleados. Los grandes líderes son difíciles de encontrar, pero aún más difíciles de detectar si no los buscas activamente. Debes pasar tiempo con tus empleados buscando aquellos que den un paso adelante y lideren proyectos o iniciativas de forma natural.

Brinda a los líderes potenciales oportunidades para liderar. Si tienes empleados con potencial de liderazgo, independientemente de su antigüedad o experiencia, bríndales la oportunidad de ejecutar un pequeño proyecto o liderar una actividad. Esto te dará la oportunidad de validar tus suposiciones.

Promover líderes basados en talentos y habilidades de liderazgo. Es importante evitar las trampas de la promoción en función de la antigüedad, las habilidades técnicas o el desempeño anterior. Según *Gallup*, solo un tercio de tus empleados tendrán el talento para ser grandes líderes. Busca primero el talento y las habilidades de liderazgo.

Forma a tus líderes como para cualquier otra disciplina. Los empleados con talento de liderazgo aún necesitan orientación y capacitación para convertirse en grandes líderes. Las habilidades de liderazgo son como cualquier otra habilidad. Deben ser enseñados, entrenados y practicados para alcanzar un alto nivel de competencia. Dado que el liderazgo impulsa directamente el compromiso de los empleados y el desempeño comercial, la capacitación y el desarrollo del liderazgo deben ser una prioridad principal.

El estudio de *Gallup* presenta un caso claro para resolver la crisis de compromiso de los empleados en este país. La solución es simple: necesitamos un mejor liderazgo. El problema es que los grandes líderes son difíciles de encontrar y las empresas de hoy no están haciendo un buen trabajo para identificar, promover y desarrollar el talento de liderazgo.

Como líderes en nuestras organizaciones, necesitamos cambiar esto. Necesitamos estar atentos al talento de liderazgo en nuestros empleados, brindarles a los líderes potenciales la oportunidad de liderar, promover líderes en función de sus habilidades de liderazgo y desarrollar a nuestros líderes a través del entrenamiento y la capacitación. Si le damos un gran valor al liderazgo en nuestras organizaciones, podemos comenzar a crear la cultura de compromiso de los empleados que tanto necesitamos.

Encontrar el balance correcto de liderazgo

El liderazgo es difícil, es una habilidad y es una técnica.
– Jocko Willink

Una vez tuve un jefe al que apodé en secreto 'TQ', que significa «Veinte preguntas» (Twenty Questions). La razón por la que se ganó ese nombre es que cada vez que nos reuníamos para revisar el progreso del negocio, me hacía al menos 20 preguntas sobre todo en lo que estaba trabajando. Microgestionó todos los aspectos de mi responsabilidad y lo odiaba. Sentía que no confiaba plenamente en mis decisiones. Estaba demasiado involucrado.

Por otro lado, tenía un jefe diferente que estaba completamente desconectado. Rara vez escuché de él a menos que algo saliera mal y nunca visitó mi lugar de trabajo ni se reunió con mi equipo. Estaba distante y desconectado. No tenía idea de los desafíos y éxitos diarios de nuestra operación. Sentía que no le importaba y que nuestro equipo no era importante para la empresa. Ambos líderes habían llevado su nivel de involucramiento al extremo y, en cada situación, me llevó a la frustración.

Ahí radica el desafío del liderazgo: encontrar el equilibrio adecuado. La búsqueda del equilibrio no solo se relaciona con el nivel de participación; impregna todos los aspectos de la gestión de personas. Piensa en estas dimensiones del liderazgo:

- Si un líder es demasiado emocional, hay un drama innecesario en la oficina. Si un líder no tiene emociones, la organización se siente fría e insensible.

- Si un líder es demasiado optimista, la empresa es demasiado soñadora y no alcanza los objetivos. Si un líder es demasiado pesimista, la organización nunca empuja hacia nuevos niveles de desempeño.

- Si un líder es demasiado agresivo, la organización podría tomar atajos y asumir demasiados riesgos. Si un líder es demasiado cauteloso, la empresa puede perder importantes oportunidades por miedo al fracaso.

- Si un líder es demasiado bueno, rara vez se disciplina a los que tienen mal desempeño. Si el líder es demasiado malo, puede existir un ambiente tóxico que afecta la moral general.

- Si un líder tiene demasiados conocimientos, el equipo

depende de él o ella para todas las respuestas. Si un líder solo tiene una comprensión limitada del negocio, hay una falta de respeto y la posibilidad de que las personas se aprovechen de la situación.

Encontrar el equilibrio como líder es fundamental, pero determinar el equilibrio correcto en cada situación de liderazgo es difícil, requiere introspección y voluntad de escuchar comentarios constructivos. Los líderes que buscan el equilibrio deben tener un oído empático para escuchar las preocupaciones de los empleados. Los líderes deben ser sensibles a las áreas en las que pueden estar actuando de manera extrema.

Si piensas en los últimos meses, ¿Hubo momentos en los que actuaste de manera extrema? ¿Cómo reaccionaron tus empleados? ¿Cuál fue la retroalimentación? Considera cualquier ajuste que necesites hacer para volverte más equilibrado. Los líderes que operan en los extremos durante largos períodos de tiempo son menos efectivos. Encuentra el equilibrio adecuado que funcione con tu equipo para obtener los mejores resultados organizacionales.

La paradoja del liderazgo

Un líder es bueno cuando la gente apenas sabe que existe, cuando su trabajo está hecho, su objetivo cumplido, los demás dirán: lo hicimos nosotros mismos. – Lao Tzu

El filósofo y escritor chino, Lao Tzu, capturó la esencia del liderazgo perfecto. El liderazgo está en su mejor momento cuando un equipo está tan intrínsecamente motivado para completar una meta que olvida dónde se originó realmente el objetivo. Al final, los empleados sienten que lo hicieron ellos mismos y que ni siquiera necesitaban un líder.

Esta es la paradoja del liderazgo. El liderazgo importa porque es absolutamente crítico para construir, coordinar y motivar a un grupo de personas para realizar tareas complejas y difíciles. Por otro lado, el liderazgo no importa. Un equipo experimentado, debidamente motivado, puede lograr objetivos difíciles con muy poca participación del liderazgo.

El general George Patton entendió esto cuando dijo: «No le digas a la gente cómo hacer las cosas; diles qué hacer y deja que te sorprendan con sus resultados». Bajo su liderazgo, el Tercer Ejército atravesó Francia, cruzó el Rin y cargó directamente contra el corazón de Alemania. En 1945, sus tropas capturaron más de 10,000 millas cuadradas de territorio enemigo en una marcha de 10 días. Al final, Patton y su ejército lograron su visión de liberar a Alemania de los nazis.

Al igual que otros grandes líderes, Patton parecía entender su papel. Sabía que no necesitaba microgestionar a sus tropas para lograr que hicieran cosas extraordinarias. Proyectó la visión, fijó las metas, estableció los límites, motivó a su equipo y se apartó del camino.

El escritor, poeta y aviador pionero francés, Antoine de Saint-Exupery, captó la importancia de proyectar la visión cuando dijo: «Si deseas construir un barco, no incites a la gente a recolectar madera y no asignes tareas y trabajos, sino enséñenles a anhelar la inmensidad infinita del mar».

Con demasiada frecuencia, los líderes piensan que necesitan saberlo todo, dirigir cada actividad y estar involucrados en cada decisión. Cuando haces eso, la visión se convierte en tuya, no en la de ellos. Al final, estás limitando el éxito del equipo. Solo serán tan buenos como tú. Nunca te sorprenderán sus resultados.

Además de proyectar la visión, los líderes deben establecer límites y establecer prioridades. La gente necesita saber qué se espera de ellos. Los grandes líderes establecen las normas y reglas de la organización. Establecen expectativas para que todos entiendan qué hacer.

Un gran ejemplo de esto es el primer director general bajo el que trabajé, Percy Barnevik. Como director ejecutivo de la empresa multinacional de ingeniería ABB, la prioridad de Barnevik era moverse rápido. Incorporó una cultura de decisión en todos los niveles de la organización. No quería una organización jerárquica lenta y pesada. En cambio, mantuvo pequeñas sus unidades operativas, limitó las decisiones que emanaban del cuartel general y predicó la importancia de la decisión.

Dirigía una de esas pequeñas unidades operativas en ese momento y fue uno de los mejores trabajos que he tenido. Barnevik fue decisivo y esperaba lo mismo de sus líderes. La cultura de la empresa en ese momento reflejaba su personalidad. Nos movíamos rápido y lo arreglábamos en el camino.

Barnevik confió en nosotros para tomar decisiones. Tenía fe en los líderes de su unidad de negocio. Sabía que de vez en cuando cometeríamos errores, pero confiaba en que siempre lo haríamos bien. Había una cultura de velocidad, decisión y perdón. Si tomaste una mala decisión, no fue el final de tu carrera. Se esperaba que lo arreglaras y siguieras adelante.

La paradoja del liderazgo es que el liderazgo importa y no importa. Es importante que los líderes construyan un equipo fuerte con excelentes empleados. Es importante que emitan una visión y establezcan objetivos. También necesitan establecer límites y establecer prioridades, asegurándose de que las expectativas sean claras.

Por otro lado, el liderazgo no importa. Llega un momento en que los líderes necesitan simplemente quitarse de en medio. Los equipos experimentados, debidamente motivados, lograrán objetivos difíciles con muy poca participación del liderazgo. La gente siempre te sorprenderá con sus resultados.

Lao Tzu pudo haber capturado la esencia del liderazgo perfecto: crear un equipo de personas tan intrínsecamente motivadas para completar una meta que olvidan de dónde provino realmente el objetivo. Quizás el rol más importante del liderazgo es como lo definió John Quincy Adams: «Si tus acciones inspiran a otros a soñar más, aprender más, hacer más y convertirse en más, eres un líder».

Conclusiones

Una vida no es importante hasta que tiene un impacto sobre otras. – Jackie Robinson

Mientras escribo esto, miro una foto enmarcada en la pared de mi oficina de los 160 empleados que dirigí en mi primera planta de fabricación. Cada persona firmó el borde que rodeaba la fotografía, dejando muchas palabras de aliento. Esta es una de mis posesiones más preciadas. Me gustaría pensar que fui un buen líder y que tuve un impacto en la vida de cada uno de ellos, pero la verdad es que ellos tuvieron un mayor impacto en mí. Veinte años después, no puedo recordar todo el éxito financiero o los premios que ganamos, pero puedo recordar las risas, las lágrimas, las comidas, las bromas internas, las reuniones de empleados y las fiestas navideñas. Recuerdo los largos días haciendo el inventario y el desafío que representaba ayudar en el departamento de envíos el último día del mes. Esta imagen es un recordatorio de lo que es realmente importante, las personas.

El liderazgo es un negocio de personas y si alguna vez lo olvidamos, nos volvemos menos efectivos en nuestros roles como líderes. Cuando tienes el mando, eres responsable de tu equipo. Tus acciones tienen un profundo impacto en sus vidas y carreras. El libro de liderazgo más vendido de Simon Sinek «Empieza con el porqué: Cómo los grandes líderes motivan a actuar», se centra en un solo elemento del liderazgo: la influencia social. En su opinión, la influencia debería estar en la parte superior del triángulo de liderazgo. Considera a Steve Jobs como un líder que dominó la capacidad de inspirar a millones. Si bien estoy de acuerdo en que Jobs tuvo un impacto notable en el mundo, en todas las estimaciones, fue un completo idiota. Nadie quería trabajar para él.

Imagínate si Steve Jobs tuviera el poder de influir y también tratara a las personas con respeto. ¿Dónde estaría Apple hoy si no hubiera dependido tanto de la inspiración de un líder carismático? Jobs nunca se convirtió en la versión de Lao Tse de un líder perfecto. No era el tipo de líder que permitiría que la gente 'apenas supiera que existía'. Jobs tenía que ser el centro de atención. Tenía que ser el líder en la parte superior del triángulo de liderazgo y, tal como parece, su empresa era tan fuerte como su personalidad descomunal. Tal vez Sinek debería haber escrito un libro titulado «Empiece con el quién: Cómo los grandes líderes ponen a las personas primero». Los líderes que se enfocan en liderar bien a las personas serán más efectivos a largo plazo. Sus equipos seguirán teniendo éxito mucho después de que el líder se haya ido porque se han vuelto intrínsecamente motivados y no necesitan la motivación externa de un líder más grande que la vida.

Hay una crisis de liderazgo en los negocios de hoy. Demasiados gerentes han accedido a posiciones de liderazgo que carecen de capacitación formal o del deseo de ser un gran líder. Son líderes solo de nombre. Estos son los jefes que frustran a los empleados, causan insatisfacción en el lugar de trabajo y crean una apatía generalizada. El problema es significativo y generalizado, razón por la cual más del 70 % de los empleados no están comprometidos en el trabajo y la mitad de la fuerza laboral de EE. UU. busca activamente otro trabajo. Hay demasiados malos jefes en los negocios hoy en día, pero no tiene por qué ser así.

El liderazgo es difícil pero no imposible. Es complejo, pero al mismo tiempo es simple. Para ser un gran líder, no es necesario que leas 15 000 libros, pero sí debes concentrarte en cómo interactúas con las personas que trabajan para ti. Al final del día, el liderazgo se trata de personas. Como nos recuerda Kevin Kruse, el liderazgo se trata de cómo influyes en las personas para lograr una meta. Según su definición y mi experiencia, el liderazgo se reduce a solo tres elementos: personas, influencia y una meta. Los grandes líderes aprenden a coordinar y equilibrar estos elementos de manera efectiva.

Si eres un líder, tienes el mando y estás a cargo. No solo eres responsable de los resultados de la organización, sino que también eres responsable de tus empleados. En la Marina, los vigilantes tenían que estar atentos. Eran responsables de la operación segura del barco y debían estar listos para responder rápidamente a emergencias y otras situaciones. Si mantenías la guardia, necesitabas estar despierto y alerta porque literalmente tenías la vida de tus compañeros en tus manos.

Como oficial de guardia en el USS Tennessee, me tomaba muy en serio mi trabajo. Como líder de un negocio, hago lo mismo. Sé que soy responsable de mi equipo y entiendo que mis acciones tienen un impacto profundo en sus vidas y carreras. No es fácil y no lo hago por el sueldo, el prestigio o el poder. Lo hago por mi equipo porque tengo el mando.

www.ingramcontent.com/pod-product-compliance
Lightning Source LLC
Chambersburg PA
CBHW020433220526
45464CB00002B/682